U0577870

在博物馆里看中国历史

中国历史

春秋战国秦汉史

初八 李丰 —— 编著　　马尔克斯文创 童圆文化 —— 绘

北京理工大学出版社
BEIJING INSTITUTE OF TECHNOLOGY PRESS

图书在版编目（CIP）数据

在博物馆里看中国历史：全 6 册 / 边庆祝等编著；
马尔克斯文创 , 童圆文化绘 . –– 北京 : 北京理工大学出
版社 , 2025. 4.

ISBN 978–7–5763–4934–4

Ⅰ . K209

中国国家版本馆 CIP 数据核字第 2025N20C43 号

责任编辑：李慧智　　文案编辑：李慧智
责任校对：王雅静　　责任印制：施胜娟

出版发行 / 北京理工大学出版社有限责任公司

社　　址 / 北京市丰台区四合庄路 6 号

邮　　编 / 100070

电　　话 /（010）68944451（大众售后服务热线）
　　　　　（010）68912824（大众售后服务热线）

网　　址 / http://www.bitpress.com.cn

版 印 次 / 2025 年 4 月第 1 版第 1 次印刷

印　　刷 / 武汉林瑞升包装科技有限公司

开　　本 / 889 mm × 1194 mm　1/16

印　　张 / 48

字　　数 / 720 千字

定　　价 / 299.00 元（全 6 册）

你们知道吗？大禹三过家门而不入，胸怀怎样的壮志与担当？诸葛亮未出茅庐便知天下三分，是何种睿智在他脑海闪耀？霍去病高呼"匈奴未灭，何以家为"，是何等的豪情壮志？历史，从来不是故纸堆里的陈旧记载，而是智慧的源泉，是灵魂的滋养。知历史，能让我们找到前行的坐标；明历史，有益于我们洞察人心的幽微；悟历史，可助我们拥有披荆斩棘的力量。历史就像一座蕴藏无尽宝藏的矿山，越深入挖掘，等待你的越有可能是珍稀的宝物。

博物馆就是那座与历史紧紧相连的桥梁，是岁月精心雕琢的宝库，承载着人类的辉煌与沧桑，以独一无二之姿态静立于尘世，等待世人揭开历史的神秘面纱。那古老的青铜鼎，斑驳的锈迹如同岁月的泪痕，神秘的纹路宛如古老的密码，诉说着祭祀的庄重、王朝的更迭。还有那色彩斑驳的壁画，犹如一部部生动的史书，尽显市井的热闹喧嚣、宫廷的奢华繁缛；人物的神情姿态、举手投足，尽显古代生活的千姿百态。那些古老的书卷，纸张虽已泛黄，却承载着历史的真相，甚至一个字就可能激活一段鲜为人知的历史。一件文物，一个事件，一则故事，或如激昂的战歌，或如悲壮的挽曲，或似温情的牧歌，或像残酷的警钟，交织成一幅五彩斑斓又深沉厚重的历史画卷。牧野之战的战火仿佛从未熄灭，楚汉英雄的智慧与勇气令人叹为观止，淝水之战以少胜多的辉煌展现出惊人的力量……那些为了信念、为了家国正义而慷慨赴死的将士们如同璀璨星辰，在历史的黑暗中闪耀着永不磨灭的光辉。

历史就是这样一面镜子，映照着人类的兴衰荣辱，也映照出人性的光辉与阴暗。从商纣王的酒池肉林导致王朝覆灭，到贞观之治的开明盛世成就繁荣昌盛，历史的教训与经验如洪钟大吕，振聋发聩。历史告诫我们，在困境中要坚守希望，在繁华中要保持清醒，骄奢淫逸是堕落的深渊，励精图治是兴盛的基石。

对于孩子们而言，博物馆里的文物和历史故事，是一扇扇通往神秘世界的大门，是

序

点燃他们好奇心与求知欲的火种。当孩子们站在这些古老的文物面前，心中会涌起对未知的渴望、对历史的敬畏。这些文物和故事，就像播撒在孩子们心田的种子，一颗承载着对神秘历史无尽向往与渴望的种子。在岁月的润泽下，这颗种子会生根发芽，成长为一棵庇荫心灵的大树，最终成为人生中最宝贵的精神财富。

这套"在博物馆里看中国历史"书系，以博物馆为契机，将文物、历史、故事、人文百科知识有效结合，旨在用真实的文物串联起整个中国史，用肉眼可见的、可以触摸的东西，带给孩子更真实的历史体验感。全套书按时间顺序分为史前夏商周史、春秋战国秦汉史、三国两晋南北朝史、隋唐五代十国史、宋元辽夏金史、明清史 6 册，从史前云南元谋人开始，一直讲到清朝灭亡。书中设置文物档案、博物馆小剧场、历史小百科三大版块。其中，"博物馆小剧场"以第一人称的形式讲述特定历史时期的事件，胶片式的设计风格、活泼生动的表达方式，让孩子们既能享受到看电影一般的爽感，同时又能轻松掌握特定时期的历史发展变化。全书在内容的编写上，既尊重历史的真实性，又充分考虑当代孩子的阅读习惯和兴趣，语言生动有趣，极具可读性。图片上既有真实的文物考古图，又有精美的手绘插图，极具审美和艺术欣赏的价值。

当孩子们翻开这套书籍时，就如同开启了一部神奇的时光机，可以与古人对话、与历史相拥。愿这些历史的遗珠绽放出的智慧光芒，照亮孩子们前行的道路，使他们在喧嚣的现代社会中，拥有一片宁静而深邃的精神家园。

2025 年 1 月　于林甸

目 录
CONTENTS

第一章
诸侯国强势崛起的春秋时代

第二章
争雄不断的战国时期

目 录
CONTENTS

第三章
从秦国到秦朝的华丽蜕变

第四章

大起大落的汉朝

目录
CONTENTS

第五章
两汉的科技与文化

第一章
诸侯国强势崛起的春秋时代

第一节

周平王迁都洛邑，春秋开启

周幽王废掉申后及太子宜臼后，改立宠爱的褒姒为后、褒姒之子伯服为太子。公元前771年，申后的父亲申侯勾结犬戎攻破镐京。周幽王最后被杀。众诸侯拥立太子宜臼为王，他就是周平王。因镐京发生过地震，又遭犬戎的大肆洗劫，残破不堪，周平王在即位后第二年（前770年），在郑、秦、晋等诸侯的护卫下，将国都东迁至洛邑。这一历史事件标志着西周时代的结束和东周时代的开始，而东周前期被称为春秋时期。迁都后，周天子的王权日渐衰微，无力自保，抵抗外族入侵须依赖诸侯国保护，使得诸侯势力不断增大。因为平王是由申侯拥立的，间接犯了弑父罪，所以得不到诸侯的尊重。各诸侯不再向周天子纳贡，不听从周天子的命令，各自为政，形成了春秋时期群雄争霸的局面。

 博物馆小剧场　平王的左右为难

1 可恶的犬戎！诸侯们刚刚撤兵，他们竟然卷土重来，攻打我们的都城。尽管城里的守卫们拼命抵抗，但敌不过犬戎人数众多，城门还是被攻破了！犬戎士兵在城内肆无忌惮地烧杀抢掠，太可恨了！

2 人祸还不够，天灾也在折磨我们。镐京两个月没下雨了，田里的庄稼都旱死了。我们整天忍饥挨饿。更倒霉的是，镐京又发生了地震，好多房屋都倒塌了。这镐京还是人住的地方吗？

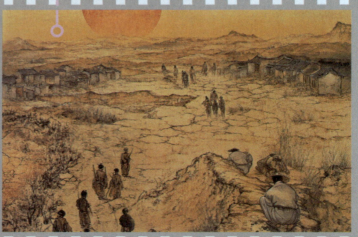

3 我不顾大臣的反对，带着百姓和大臣迁都到了洛邑。建立新都城要很多钱财和人力，现在国库空虚，我只能求助诸侯。可是，听说诸侯都拒绝了。现在的大王当得可真不容易。

4 郑庄公今天来了！他很不客气地对我说，以后不来王室朝拜了。这要是在以前，我早派兵把他们郑国给平了！可如今我不仅不敢生气，还耐着性子给他道了歉。谁让现在王室衰微呢！

　　平王东迁是周朝历史上的一个重要事件，从此周朝的政治局势发生了根本性的转变。虽然周王室的政治影响力有所减弱，但是从另一个角度来看，洛邑地区的经济却因此得到了发展，文化的交流与传播也日益频繁起来，这些变化推动了中国历史的发展进程，对后世产生了深远的影响。

历史小百科

"春秋"的由来

　　历史学家把公元前 770 年周平王东迁至公元前 476 年这段时期称作"春秋"，名字来源于鲁国的编年体史书《春秋》。春秋诸国主要包括：周朝的宗室封地，如鲁国、卫国、郑国；功臣封地，如齐国、秦国；商朝遗民安置地，如宋国、陈国；蛮夷之地，如楚国、吴国、越国。

布币的兴起

　　西周时期，一种外形似铲的青铜铸币开始出现，其形状源自"以物易物"时代的铲形农具"镈"，因常被用作交换而具备了原始货币功能。至春秋早期，这种模拟"镈"形浇铸的货币大量流通于东周王朝及晋国等地，逐渐取代贝币地位。因似"镈"，且"镈"字发音与"布"相近，所以被称为"布币"。布币种类繁多，主要包括空首布和平首布两大类。

第二节

齐桓公的称霸之路

文物档案

名　称：春秋鸳鸯形金带钩
出土地：陕西省宝鸡市春秋墓
特　点：金质，器型突出鸟头为
钩体。用于钩系束腰的革带，多为男性使用。
收　藏：宝鸡市考古研究所

公元前 686 年，齐国内乱，两任国君相继被谋害，君位空缺。在外逃亡的公子纠与公子小白都意图赶回齐国即位。最后，公子小白率先回到齐国，继承君位，他就是齐桓公。齐桓公听从老师鲍叔牙的忠告，不计前嫌，拜管仲为相。管仲对齐国的行政、民生、军队等方面进行改革，使齐国国力快速增强。其间，齐桓公为报鲁国之前帮助公子纠追杀他的仇，发动了长勺之战，结果战败。长勺之战使齐桓公和管仲认识到靠武力很难成就霸业，自此齐国开始采取"尊王攘夷"的策略。齐桓公先后召集十多次会盟，联合与会诸侯御敌攘夷，威望日益提升。公元前 652 年，齐桓公扶周襄王登上天子之位。次年，在葵丘会盟上，周襄王承认齐国在诸侯国中的伯主地位，齐桓公成为春秋时期的首位霸主。

博物馆小剧场　管仲的智慧

1 当年我为了让学生公子纠先于君上回齐即位，曾埋伏在小路上射杀他。谁知，君上即位后不仅没杀我，还让我做宰相辅助他。这样大度的国君，我怎么能不全心全意辅助？

2 要想让齐国强大，必须实施变革。我在行政、军事和人才任用方面都进行了改革。比如，鼓励同行之间交流生产技术；让君上和两位上卿分管军队，掌握军事大权；招揽天下英才，不论出身。

3 君上一直记恨鲁国支持过公子纠伏击他的事情，所以趁着军事实力增强，发动了长勺之战。谁知，鲁国的曹刿很懂兵法，竟然让我们大败。太意外了！

4 看来只提升国力还不足以称霸天下啊！深思熟虑后，我建议君上采取"尊王攘夷"的策略，代天子召集诸侯会盟，联合盟友共同解决各家的难处。几次会盟后，君上的威望日增。周天子还封君上为诸侯之伯。

　　内政对于一个国家是极为重要的。改革若顺利，齐国就会摇身一变，成为强劲的大国；改革若失败，齐国则会一落千丈，甚至有灭国的风险。在关键时刻，齐桓公展现了非凡的魄力和胆识，愿意相信管仲，并同意进行改革。这充分展现了他看人用人的眼光。因此，齐国能成为春秋五霸之首，离不开齐桓公本人的英明睿智以及管仲的得力辅佐。

历史小百科

一箭之仇

　　齐国内乱之际，君位空缺，逃亡在鲁国的公子纠与逃亡在莒国的公子小白谁先回到齐国，谁就能成为国君。公子纠的老师管仲带兵事先埋伏在公子小白回国的必经之路，并射了公子小白一箭。管仲以为公子小白已被射死，因此没有急于带着公子纠返回齐国。然而，公子小白衣服上的带钩替他挡住了这一箭，让他得以躲过一劫。最终，公子小白率先回到齐国，成为齐国国君。

春秋时的首脑碰头会 ——会盟

　　会盟是春秋时期各诸侯国解决某些重大问题常用的形式。远古时期，弱小的部落为了联合狩猎和抵御外敌，常常会结成同盟。春秋时期，周天子号召力逐渐减弱，管仲建议齐桓公代天子召开会盟，既可以讨天子的欢心，又可提高自己的身份地位。

第三节

晋国的晋级之路

文物档案

名　称：春秋子犯和钟
出土地：山西省闻喜县
特　点：青铜质，成组8件，铭文记录了晋楚城濮之战等史实。子犯即狐偃。
收　藏：台北故宫博物院

　　晋国公子重耳自幼好学，善于用人，身边始终有狐偃、先轸等能人谋士追随。公元前655—前636年，重耳为躲避晋献公和晋惠公的追杀，先后流亡于多个诸侯国。公元前637年，在秦国做人质的晋国公子圉为回国即位不辞而别，让秦穆公很生气。次年，秦穆公派军队护送流亡至秦国的重耳回国。在秦国的支持下，重耳杀掉晋怀公圉后即位，他就是晋文公。晋文公执掌晋国后，对内实施通商宽农、任用贤明、创立三军六卿等一系列政策，使得晋国的国力大增；对外，平定了王子带的叛乱，得到周天子的器重。公元前632年，晋文公在城濮之战中大败实力强大的楚国。同年五月，晋文公召集了践土会盟，周襄王册封晋文公为侯伯。晋国崛起为新一代霸主。

 博物馆小剧场　　晋文公的计划

1 自从齐国衰落，各国君主都在觊觎霸主之位，我也不例外。为此，我实施了"军政合一"的三军六卿制度。其中，三军由我和两名上卿直接领导，六位重臣分管地方上的六军。

2 如今能与我晋国军事实力相抗衡的，只有楚国。我正思考着如何试探一下楚国的实力，机会就来了。楚国攻打宋国，宋国向我晋国求助。不过，楚国的兵力雄厚，装备精良，我可不能硬碰硬，得智取。

3 当初我流亡时楚王曾帮过我，我答应过他，以后若两军对阵，我会后退90里，以表谢意。于是我下令军队退避三舍。楚国将军子玉以为我害怕了，追击过来。这就不能怪我手下无情喽。

4 打赢了强大的楚国，我晋国的威望顿时倍增。是时候发起会盟了！我将齐、宋、鲁、蔡、郑、卫等国君主召集到践土，规定各盟国应该停止互相侵害，共同辅佐周王室。周襄王一高兴，正式册封我为侯伯。

　　晋文公为了晋国的发展，确实做了不少事！他打败楚国，极大提升了晋国的威望，并借此机会主持践土之盟，得到了周天子的册封，从而成为春秋时代的霸主之一。在国内，他进行了一系列改革，比如军事改革；并且任用了一大批有才之人，比如拜狐偃为相、先轸为帅，这些人都为晋国的强大贡献了力量。作为春秋霸主之一，晋文公本人也是果断的，因此他成为晋国百年盛业的开创者。

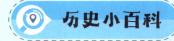

历史小百科

"退避三舍"的三舍是什么意思？

　　古时候，行军计程以30里为"一舍"，因此"三舍"就是90里。据考古专家研究，春秋与战国时期的一里，相当于300步左右。按照今天的算法，一步大概是1.4米左右，一里的长度接近于420米。所以，"三舍"大约就是现在的38千米左右。

寒食节的由来

　　寒食节在农历冬至后的第105天，是为纪念春秋时晋国介子推而设立的。介子推曾跟随公子重耳流亡19年，在重耳快要饿死时，割下自己大腿上的肉给重耳充饥。重耳即位后，介子推选择归隐山林。晋文公为了逼迫介子推出来相见，叫人放火烧山，结果介子推选择被火焚而死。晋文公为了纪念他，规定每年在他的忌日，全国不得生火做饭，只吃寒食，这一日便被称作寒食节。

第四节

西部称霸的秦国

文物档案

名　称：春秋金柄铁剑

出土地：陕西省宝鸡市益门村 2 号春秋秦墓

特　点：纯金的剑柄，铁质的剑身。

收　藏：南京博物院

秦穆公时期，秦国实力强劲，也有称霸中原的野心，但苦于东面有晋国阻挡，南面有楚国相阻。在这种情况下，秦穆公一方面大胆启用客卿、广纳贤才、训练秦兵、开荒富民，迅速提升国力；另一方面，通过迎娶晋国公主、扶持晋君、救济晋国灾民等手段极力拉拢晋国。公元前 628 年，晋文公、郑文公相继去世，秦穆公趁郑国内乱之际，借道晋国攻打郑国，这引起了刚丧父的晋襄公的不满。秦、晋两国爆发了崤之战与彭衙之战，秦国均大败。公元前 624 年，秦国主动攻打晋国，在王官之战中击败晋军。公元前 623 年，秦穆公听取了由余的建议，向西扩张领土，占领了西戎 12 国，扩土千里。周襄王册封秦穆公为"西部之伯"。

博物馆小剧场　秦穆公默默布局

1 我秦国实力数一数二，却输在地理位置上。齐、晋、楚等大国直面整个中原，可以轻松收纳附庸小国，成为中原霸主也顺理成章。而我大秦却被隔在中原之外！

2 晋献公为了和我修好，把女儿嫁给了我，这成为我借道中原的好契机。我在发展国力的同时，努力让两国的关系升温。我先后扶持了夷吾、重耳两位逃亡的晋国公子上位，还在晋国饥荒时全力救助灾民。

3 郑文公去世了，趁郑国内乱，我正好发兵平乱，顺带让它附庸于我。我就是借个路而已，没想到晋襄公竟发动崤之战，杀了我两万将士！此仇不报非君子。王官之战，我的大将孟明视终于帮我报了仇！

4 西戎忽然派使臣来访，百里奚说这是个消灭西戎的好机会。他献计用美酒与舞姬等礼物迷惑西戎王。我又派人策反了由余，里应外合，一举夺下西戎。哈哈，虽然不能入主中原，但独霸西部也算不错！

　　秦穆公即位后，继续秉承秦文公、秦武公的军事方略向四方扩张。尽管东进过程中遭遇了中原霸主晋国的阻挠，但秦穆公在其他三个方向上的扩张还是有成效的。秦穆公向西灭掉西戎的 12 个国家，向南拓展疆域与蜀国相接，向北击败西戎大国义渠拓地千里，使得秦国的版图不断扩大。然而好景不长，在秦穆公去世后，秦国便陷入了王室与世家贵族之间无休无止的拉锯战之中，呈现出一蹶不振的状态。

📍 历史小百科

五张羊皮换来的宰相

　　百里奚原是虞国的大夫。晋献公假途伐虢后，灭亡了虞国，俘获百里奚。秦穆公迎娶晋国公女儿时，百里奚被当作陪嫁奴隶来到秦国。他深感这是对他的侮辱，于是逃离秦国，跑到楚国的宛邑，没想到被楚人捉获，并被迫为楚王养牛。秦穆公非常仰慕百里奚的才干，在得知他的下落后便想要回他，但又担心直接要人楚国不放，于是便用 5 张黑公羊皮将他从市井之中换回，并任命他为大夫，人称"五羖大夫"。

秦晋之好

　　秦穆公在位时，晋献公为了搞好与秦国的关系把女儿嫁给了秦穆公。秦穆公为了能借路晋国，到中原地区收服附庸的小国，也极力维护与晋国的友好。当晋国发生内乱时，秦穆公两度收留逃亡的公子，并扶持他们回国即位，还把宗室之女嫁给晋国公子。秦、晋两国这种相互联姻的睦邻友好关系，一直维持了几十年。

第五节

楚庄王登上霸主巅峰

　　公元前 613 年，楚庄王成为楚国新一任国君。在继位之初，他发现朝政混乱不堪，简直无从下手，于是开始了他的"伪装"行动，对国家大事从不过问。大臣伍举以鸟为喻劝谏，想让楚庄王意识到整顿朝纲迫在眉睫。而大臣苏从更是冒死劝谏，甚至严厉训斥楚庄王。楚庄王终于有所行动了。他在全国范围内大量招纳贤士，组成一个智囊团，与此同时逐个除掉那些阻碍国家发展、心怀二意的不良之臣。为了促进楚国的发展，楚庄王还颁布了一系列的法令。公元前 597 年，为了争夺霸主地位，楚庄王亲自带领楚军围攻郑国。晋国派荀林父带领三军救郑，双方在邲（今河南荥阳北）展开激战。战后，楚国在中原争霸中暂时占了上风，奠定了其霸主的地位。

🌀 博物馆小剧场　　楚庄王的深谋远虑

1 前些天伍举气冲冲地来找我，说大臣们议论我是个昏君！今天苏从又劈头盖脸把我数落一通！他们不知道，我是为了让朝中的"蛀虫"放松警惕，露出"狐狸尾巴"！是时候行动了！

2 我身为一国之主，必须将治理国家放在首位。但一个人的智慧有限，因此我在全国范围内招募贤才。他们给了我许多宝贵的建议，我全部采纳，并在国内实行了一系列改革。

3 我向全国宣告我的权威，大幅削减那些大臣和贵族的势力范围。而且我下令，举报贪官的人有赏，包庇贪官的人，与贪官一起受到法律的严惩。看谁还敢违法乱纪！

4 我们终于拥有了足够的实力。为了扩大疆土，我决定攻打郑国。没想到郑国找来晋国帮忙。他们太天真，难道我会在没有充分准备的情况下就轻易发兵吗？那好吧，就让我一举拿下他们两国吧！霸主之位，非我莫属！

　　楚庄王从装傻到采取大刀阔斧的行动，足见他的深谋远虑与精明睿智。邲之战后，各诸侯国纷纷与楚国签订盟约，使得楚国的势力触及了黄河以北的大部分地区。楚庄王一举成为继齐桓公、晋文公之后，春秋时期的第三位霸主。而被楚国打败的晋国，则逐渐走向下坡路。

📍 历史小百科

成语"一鸣惊人"的由来

　　楚庄王继位后，3年未理朝政。一日，大臣伍举为劝谏楚庄王，出了一个谜语："楚国有只大鸟，每天都在朝堂，整整3年不叫也不飞。这是什么鸟？"楚庄王回答道："这可不是普通的鸟。这种鸟不飞则已，一飞将要冲天；不鸣则已，一鸣将要惊人。"伍举听后，明白了楚庄王心存远大抱负，只是在等待时机，便满意地走了。

楚王问鼎

　　公元前606年，楚庄王在洛邑郊外举行盛大的阅兵仪式，以显示楚国的兵威。周天子惊慌失措，立即派王孙满前去慰劳楚军。楚庄王问王孙满："周王宫里藏着的九鼎大小轻重如何？"王孙满回应："统治天下重在德，而不在鼎。"楚庄王傲然说道："楚国只要把士兵折断的钩尖收集起来，就足够铸造九鼎了。"九鼎是象征周王室权威的礼器，楚庄王问起九鼎，显示出他有觊觎周王室的意图。

第六节

江南称霸的吴国

文物档案

名　称：春秋吴王夫差剑

出土地：河南省新乡市辉县

特　点：剑身全长 59.1 厘米，宽 5 厘米，满布花纹，剑锷（刃）很锐利。

收　藏：中国国家博物馆

　　吴国原是附庸于楚国的小国，长期受楚国盘剥。吴王寿梦时期，开始联晋反楚。公元前 584 年，晋国派大夫巫臣出使吴国，教授吴国人如何射箭和驾驭马车及如何列阵，使得吴国军力大幅提高。之后在晋、齐等国策应下，吴国数次战胜楚国，并占领陈、蔡等楚国附庸国。吴王阖闾执政时，以楚旧臣伍子胥为相，齐人孙武为将军，定了破楚方略。公元前 506 年，吴军在柏举战胜楚国大军，攻入楚国都城郢都。公元前 496 年，吴王阖闾在与越国的槜李之战中伤重身死。夫差继位后，于公元前 494 年在夫椒大败越军，俘虏越王勾践。公元前 489 年，吴军在艾陵之战全歼齐军。公元前 482 年，夫差赴黄池会盟，虽没有获封诸侯伯长，实力上却足以称霸。

博物馆小剧场　　**夫差的雄心壮志**

1 两年前，在槜李战场上，诡计多端的勾践弄了些死囚在阵前自杀，令我军震惊得措手不及。勾践趁机发动偷袭。最终，我军惨败，我父亲阖闾也负伤而死。

2 为报父仇，我苦练精兵，当我再次攻打越国时，一路势如破竹。最终，我把勾践困在夫椒山上，随时可灭。勾践说愿意给我当奴隶，以换取越国的生存。相国伍子胥劝我杀越王以绝后患。我拒绝了！

3 鲁国派来子贡游说我联手攻齐。子贡提议让越国出兵协助我们。这样一来，战胜衰弱的齐国、争霸中原，岂不是轻而易举？

4 我军通过刚开凿的邗沟，成功进入中原奇袭齐军，在艾陵歼敌十余万。鲁国国君邀我参加黄池会盟。要不是看在当年晋国派人传授我国射御、布阵之法，对我国有恩的分上，谁是霸主还说不定呢！

　　吴国能从一个不知周朝都城在何处的江南蛮夷小国，发展到黄池会盟敢与老牌霸主争锋的强国，其中的确有大国博弈的因素，但主要还是由于吴国几代君主的努力。阖闾、夫差时期，又得楚人伍子胥和齐人孙武的协助，逐渐国富兵强，关键时刻又得到子贡的点拨。在天时、地利、人和之下，吴国通过数次成功的战役威震华夏，终成一方霸主。

历史小百科

孙武雕像

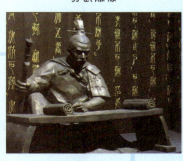

柏举之战

　　公元前506年，吴王阖闾亲率3万吴、蔡、唐联军攻楚。吴将孙武率领3500名精锐深入楚地，采取"后退疲敌，寻机决战"的方针，引诱楚军至柏举，成功将其击溃。楚军主将子常因不仁而不得军心，吴军数次冲锋便将其击溃了。吴军追杀楚军至柏举西南的清发水，阖闾命令吴军等待楚军半数过河后再攻打，成功俘虏了未过河的楚军。追过河后，吴军饱餐了楚军仓皇逃跑遗留的战饭，并追上疲惫不堪的楚军，取得柏举之战的全面胜利。

"孙武练兵"的故事由来

　　孙武来到吴国后，与伍子胥因志趣相投成为好友。伍子胥多次向吴王阖闾推荐孙武，最终吴王答应接见孙武。孙武抓住机会，向吴王进献了自己所著的《孙子兵法》。吴王阅读后，对孙武的才华大为赞赏，当即任命他为将军，并让他负责训练吴国的军队。为了考验孙武的治军能力，吴王特意从后宫挑选了100名女子交给孙武进行训练，于是有了"孙武练兵"的故事。

第七节

春秋最后一任霸主

文物档案

名　称：春秋越王勾践剑

出土地：荆州市江陵县望山楚墓群

特　点：被誉为"天下第一剑"。镌刻着"越王鸠浅自作用剑"八字。

收　藏：湖北省博物馆

公元前494年，吴王夫差在夫椒之战中打败越军，俘获越王勾践。勾践在吴国受尽凌辱，但终于赢得夫差的信任，得以回国。回国后，越王勾践卧薪尝胆，时刻不忘振兴越国。他一面向吴国进贡美女、绢帛以麻痹吴王；一面在国内实施一系列改革措施，包括减轻徭役、鼓励农桑、招徕移民、铸兵甲、修政令、审刑法等，以提升国力，增加人口。公元前482年，吴王夫差率精兵赴黄池会盟，都城姑苏防备空虚。越王勾践趁机攻下姑苏，迫使吴王夫差割地请和。公元前478年，越军在笠泽大败吴军。公元前476年，越军再次攻下姑苏，吴国灭亡。之后，越国把曾被吴国占领的原属于宋、楚、鲁的土地归还原主，极力搞好与各诸侯国的关系，并向周王室朝贡。公元前472年，徐州会盟中，周天子封勾践为诸侯之伯。

 博物馆小剧场　勾践的忍辱负重

1 我初即位，吴王阖闾趁我立足未稳率军攻打我，结果被我设计打败，负伤而死。夫差疯狂练兵，要找我报仇，最后把我打败了。为了保存越国的实力，我卖身为奴给夫差。

2 在吴国，我和奴隶们同住一处，每天为夫差喂马、牵马、清理马厩，还要忍受夫差的各种折磨和羞辱。我的忍辱负重，让夫差误以为我彻底失去了野心和斗志。他最终把我放回了越国。

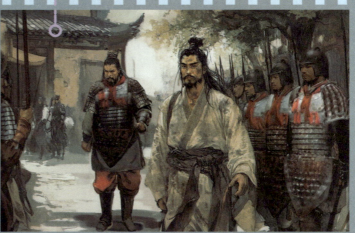

3 回国后，我睡在柴草上，品尝着苦胆，立志复国。我一面派遣美女西施麻痹夫差，让他荒废政事；一面在国内积极实施各种强国之策，包括发展经济，增加人口，练兵强军等。

4 万事俱备，我可以实施复仇计划了！我用计除掉了伍子胥，气走了孙武。趁着夫差率精兵去赴黄池会盟的时候，我攻下了吴都姑苏，迫使夫差与我议和。之后，我又准备了四年，最终灭了吴国。我终于一雪前耻了！

　　春秋末期，吴国通过柏举之战大败楚国，在夫椒之战中征服越国，在艾陵之战中大败齐国，又在黄池会盟上与晋国争雄，已成为当时实际上的霸主。与此同时，越王勾践忍辱负重，用卑微的示弱和讨好麻痹吴王，得以自我解救回国。回国后，他卧薪尝胆、积极改制、发愤图强，终于战胜了强大的吴国，成为新一代霸主。

📍 历史小百科

勾践卧薪尝胆，十年磨砺

　　勾践在吴国忍辱负重3年。被放回越国后，他担心安逸的生活会消磨复仇雪耻的意志，因此，选择每天睡在柴草上，吃饭时先舔一下猪苦胆，并让卫兵经常质问他是否忘记了在吴国时所受的凌辱，以激励自己。勾践与百姓一起劳作，共同建设越国。经过10年的磨砺和发愤图强，强盛起来的越国终于灭掉了吴国。

越王勾践剑千年不腐的秘密

　　越王勾践剑出土时，考古人员惊奇地发现，剑身毫无腐朽的斑驳，依旧异常锋利。考古专家把剑送到复旦大学检测，结果发现剑中含量最高的是防腐能力强的铜，此外还含有少量的锡、铁、镍等。其中铜主要分布在剑脊部分，有效提升了剑的韧性，而锡分布在剑刃部分，显著增强了剑的硬度。这说明该剑经过了两次浇铸的工艺过程，充分展现了古人铸剑技术的高超水平。

第二章

争雄不断的战国时期

第一节

魏国的李悝变法

文物档案

名　称：战国·魏错金银马首形铜辕饰
出土地：河南省辉县固围村魏墓
特　点：这件铜辕饰呈马首形，
　　　　为车用装饰，装配在车辕前端。
收　藏：中国国家博物馆

公元前453年，晋国的韩、赵、魏三家卿大夫联手击败了智氏家族，将晋国一分为三。公元前403年，周威烈王正式册封三家为诸侯，标志着韩、赵、魏三国建立，中国历史进入战国时代。魏国成立后，面临秦、楚、齐等国的威胁，魏文侯决定变法图强。公元前425年，魏文侯任用李悝（kuī）与吴起进行改革。李悝改革政体，编撰《法经》，规范国家制度，奖励耕种，废除井田制，允许土地私有，兴修水利。吴起则推行武卒制，创建魏武卒，即精锐部队，提高了魏国的军力。此后，魏国不断扩张，先后占领秦国西河地区、中山国大部领土，组成魏、赵、韩三晋联盟大败齐军。公元前344年，魏惠王发起了逢泽会盟，并率领诸侯朝见周天子，成为战国时期最早称雄的国家。

博物馆小剧场　魏文侯的变法图强之路

1 我魏国建立后，周围的秦、楚、齐等大国对我们虎视眈眈。我必须马上求贤变法图强。我先拜圣贤子夏为师，孔门人才多嘛！果不其然，我师兄曾申的两个高徒李悝和吴起很快投奔我来了。

2 我命李悝变法，李悝先废除了贵族世袭俸禄，接着废除了井田制。这解决了国家拿钱养贵族的问题。全国的田地统一规划，分田给奴隶，国家的税收和粮食产量双双提高了。

3 贵族们因失去特权和私田，故意使坏想让国家发生内乱。李悝适时推出了《法经》，对奖惩、律刑等多方面做了规定。现在，社会秩序不但恢复了，还比以前更好了。我真没用错人！

4 吴起也是难得的人才，他训练的魏武卒身穿重甲、肩扛铁戟、腰佩重剑，还肩负强弩和口粮，却能半日行百里，如此强壮的兵士在各诸侯国中是独一份。哈哈！我魏国越来越强大了！

李悝变法是中国历史上第一次全国性的变法，为后来著名的吴起变法与商鞅变法提供了蓝本。在政治上，李悝主张废止世袭贵族特权，选贤任能，赏罚严明；在经济上，他废除井田制，分地于民，极大地提高了农民的生产积极性；他还推出《法经》，完备了国家法制；同时改革军事，使魏军战斗力一度跃居列国之首。然而，到魏惠王时期，魏国逐渐没落。马陵之战后，魏国再无翻身之日。

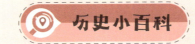

历史小百科

马陵之战

公元前 341 年，魏国攻打韩国，韩国向齐国求援。齐国军师孙膑施展"减灶"之计，在遭遇魏军后假意兵败逃跑，并且每天大幅减少做饭的灶坑，制造齐军大批逃亡的假象。魏军大将庞涓中计，日夜兼程追击，在马陵道中了齐国埋伏。庞涓中计自刎，齐军乘胜追击，全歼了十万魏军。

李悝坚守上地郡

李悝是我国著名的法家人物，被称为战国变法第一人。他曾值守魏国重镇上地郡很长时间。有一年，秦军突袭上地郡，却遭到上地郡守城弓箭手的顽强阻击，伤亡惨重。原来，李悝治理上地郡时，采用射箭比赛的方式来判定民间矛盾，"中者为胜，不中者负"，使得上地郡军民苦练箭术，神射手数不胜数。秦军自从在上地郡吃了守城弓箭手的亏，再也不敢轻易侵扰上地郡了。

第二节

力争上游的楚国

文物档案

名　称： 战国王命传任虎节
出土地： 安徽省寿县
特　点： 铜质，上有铭文"王命 命传赁(任)"。
"节"是外交或驿传的信物、通行证。
收　藏： 北京故宫博物院

公元前 397 年至前 391 年，楚国因与韩、赵、魏因争夺城池、附庸国等事由，先后发生多次战争，楚国胜少负多。公元前 390 年，魏国大夫公叔痤进谗言说吴起有谋反之心，引起魏武侯猜疑。吴起转投楚国。公元前 386 年至前 381 年，楚悼王拜吴起为令尹主持变法。吴起总结了李悝变法的经验，根据楚国国情，明确法令、减少爵禄、统一风俗、禁止纵横家游说、加固都城郢。在吴起的治理下，楚国国力增强，人民遵纪守法，贵族不再跋扈。公元前 381 年，楚国为援救被魏国攻打的宋国，在州西大败实力雄厚的魏军。楚国重又走向强盛。公元前 338 年，楚国灭越国，疆域扩充到周朝整个南部区域，与秦国、齐国并列为战国三大强国。

博物馆小剧场　吴起变法

1 君上问我能不能像魏国那样搞变法，使国家强盛。这也正是我想做的，当年我在魏国曾配合李悝变法，刚好有些经验。再者，君上不嫌弃我是被魏国抛弃的人，还重用我、信任我，我应当尽我所能去报答君上。

2 楚国建国有八百多年，受世袭功勋爵禄的人很多，严重增加了国家的开支。我提出谁有能力谁当官，同时规定，爵禄世袭不得超过三代，彻底铲除这些蛀虫。

3 楚国与蛮族交界，民众长期受蛮人影响，养成了争强好斗的习性，很多人都欠缺法律意识。我让地方官员大力宣传律法，让犯人在闹市里游街示众。一段时间后，楚国犯法的人果然减少了。

4 很多纵横家实际是别国派来刺探情报、挑拨战争的，我让君上把他们一律打发走了。我又把国都郢的城墙加高筑牢。别国见我们对内专心施政，对外积极练兵筑城，也不敢轻易来骚扰我们了。

楚国地广人众，在战国七雄中一直是不可忽视的力量。然而，楚国的权力结构以楚王为核心，昭、屈、景三大家族为主干，世族执政，这导致楚王在变法或权力斗争中常处于弱势地位。外加，楚国连年遭到三晋的蚕食，不断丧失土地。楚悼王时期，吴起提出变法，通过明法申令，让民众知法懂法，减少社会不安定因素；废除贵族世禄制，减少国家开支；禁止纵横家游说，使楚王专心施政。

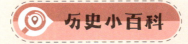

历史小百科

吴起之死

吴起在楚国受到楚悼王重用，推行变法，使楚国国力大增。然而，变法触动了旧贵族的利益。楚悼王去世后，旧贵族趁机发动叛乱，围攻吴起。吴起为求自保，逃至楚悼王停灵处，趴在尸体上，结果被乱箭射死，同时楚悼王的尸体也中箭了。楚肃王即位后，依据楚国律法，对射击先王尸体者处以重刑，牵连贵族 70 多家被灭族。

端午节的由来

屈原是战国时期楚国大臣，才华横溢，忠贞不渝。楚怀王在位时，屈原深受信任，因主张改革图强，遭贵族反对。楚怀王也对屈原逐渐疏远。楚怀王被秦国扣留后，楚国动荡，屈原心系国家，却无力回天。得知楚怀王客死秦国，他悲痛欲绝，选择抱石投汨罗江明志。楚国人民为纪念他，每年五月初五举行龙舟竞渡、吃粽子等活动，后发展为端午节。

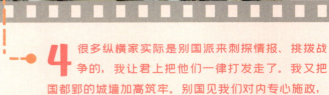

第三节

广聚贤士的齐国

文物档案

名　称： 战国双龙纹玉环
出土地： 常德市临澧九里楚墓群
特　点： 玉环佩戴于大臣衣领下，作为祭祀时的礼器。
收　藏： 湖南博物院

　　公元前 373 年，齐桓公田午创建稷下学宫，招揽贤才，鼓励"诸子百家"谈经论道，使齐国成为贤良人士向往的国家。公元前 356 年，齐威王任用邹忌为相。邹忌任相期间，奖励进谏的大臣、修订法律、监督官吏、选荐边疆守将，使齐国面貌焕然一新。公元前 355 年，被庞涓迫害的谋士孙膑被接到齐国。次年，魏惠王攻打赵国都城邯郸。邯郸被围，赵国紧急向齐国求援。齐威王命田忌为帅，孙膑为军师率军前往救援。孙膑采用"避实就虚、攻其必救"的策略，放出要攻打魏都城大梁的假消息，令庞涓中计撤军回救，然后中途在桂陵伏击魏军，大败魏军。之后，孙膑带领大军在马陵再次战胜魏军。两次战役使魏国元气大伤，而齐国在众贤的帮助下称霸东方。

博物馆小剧场　　**齐威王善于用人**

1 我原以为邹忌只擅长弹琴，没想到深谙治国之道。他让我把天下人才都吸引到我身边，让他们一起为我效力。我深以为然，于是扩建稷下学宫，给人才提供施展才华的空间。

2 就在我致力于国力发展的时候，魏国向赵国发起了进攻。赵国素来与我们交好，面对赵王的求助，我岂能坐视不理？撇开我们与赵国的关系不说，如果这次让魏国得逞，魏国下一个打的就是我的国家了！此仗必须打！

3 怎么才能以更少的损失营救赵国、打退魏国呢？这时候，我的智囊田忌和孙膑献上了一条妙计。他们建议我放出要攻打魏国都城的消息，引魏军回国，这样就可以不动一兵一卒解决赵国的危机。

4 哈哈！在魏国急匆匆撤兵回国的时候，田忌和孙膑率领的大军早已埋伏在桂陵。魏国军队一到，就遭受到了突袭。魏国的士兵死伤惨重。这一仗，打得真是精彩绝伦！

齐国设立的稷下学宫作为官府创办、私人主持的高等学府，吸引了儒、道、法等诸家贤士多达千人，带动了齐国文明的高度发展。邹忌、田忌、孙膑等贤士汇聚于此，共同致力于改革齐国军政，使齐国超越了同时期的其他强国。马陵之战后，齐国彻底摆脱了魏国的威胁，并在齐威王时期达到盛世。公元前284年，乐毅率燕军联合秦、魏等五国伐齐，占齐城70余座，齐国就此衰退。

历史小百科

稷下学宫

稷下学宫是世界上最早的官办高等学府，始建于齐桓公田午时期，存续了150余年，因位于临淄稷门附近而得名。它是中国最早的社会科学院、政府智库，集儒、道、法、农、兵、阴阳等诸家贤士多达千人，包括孟子、荀子、申子、季子等，促进了百家争鸣局面的形成。名士们在宫内编纂了《管子》《晏子春秋》《司马兵法》等书籍。博士的称谓也最早始于稷下学宫。稷下学宫促进了先秦时期的学术繁荣，秦灭齐后消亡。

孙膑受膑刑

孙膑（原名孙宾）和魏国大将庞涓都是大谋略家鬼谷子的学生。因为嫉妒孙膑的才能，庞涓以魏惠王求贤的名义，把孙膑骗到魏国。庞涓哄骗孙膑写出祖传的兵法后，不惜在魏惠王面前诬陷孙膑。魏惠王勃然大怒，对孙膑施以膑刑和黥刑，即挖去双膝膑骨并在脸上刺字。后来，孙膑靠装疯卖傻，又得齐国救援，才得以脱身。孙膑为记住仇恨，将名字"宾"改为"膑"。

第四节

韩国的图强之路

文物档案

名　称：战国"七年卢氏"铭文青铜戈

出土地：四川省雅安市荥经县战国墓

特　点：青铜质，为战国时期韩国使用的钩杀兵器。上有"七年卢氏"等铭文。

收　藏：雅安博物馆

　　韩国是韩、赵、魏三家中疆域最小、实力最弱的一个，所处的位置刚好在秦、楚、魏三国包围中。韩昭侯在位时期，看到魏国与楚国变法的成功，迫切地希望一位有才能的人帮助韩国实行变法。公元前375年，韩国灭郑国。郑国官员申不害进入韩国朝堂。在魏国伐韩与韩国协助齐国救援赵国这两次重大战事中，申不害都提出了高明的见解，引起韩昭侯的重视。公元前351年，韩昭侯破格任命申不害为相，让他在韩国施行改革。申不害主张收回贵族特权，收缴贵族府库财物充盈国库；大行"术"治，强调君主的绝对权威；整肃军队，收编贵族所辖军队，苦练奇兵；鼓励百姓开荒，发展兵器制造业。在申不害的改革下，韩国政局稳定，兵力强盛。虽为小国，韩国却跻身战国七雄之列。

博物馆小剧场　申不害的改革思想

1 国君真是位贤德的君主，我申不害在郑国时不过是个小官，还是亡国之臣，他竟然让我列席听政。那天，我壮着胆子进言，让国君向魏君示弱，以解韩城宅阳之围。国君居然采纳了，还升了我的官。

2 最让我受宠若惊的是，国君竟然任命我为丞相主持变法。韩国地盘狭小，经济实力薄弱，还要养那么多公卿贵族，因此，改革第一步就是收缴贵族的财产和私人武装，用来充实国家储备和扩充军源。

3 想当初晋国之所以走向分裂，一大原因就是未能约束朝臣。韩国要是不想重蹈晋国的覆辙，就必须以此为鉴。我建议国君狠下心来，独掌生杀大权，运用权术制衡臣子间的关系。

4 韩国国小人少，兵源自然不足，所以只能依靠兵器强大来提升军力。我建议国君大力发展兵器制造业，造出比其他国更加强大的兵器。兵器质量上去了，士兵必胜的信心足了，战场上以少胜多自然不在话下。

　　申不害提出"王权术治"，强调君主应掌握生杀大权，这一思想直接影响了战国之后两千多年的中国帝王治国之术。申不害根据韩国的实际情况，苦练精兵，发展兵器制造业，"天下之剑韩为众""天下强弓劲弩皆自韩出"。在申不害的治理下，韩国迎来几十年的和平发展。然而，"术"制也引发了君主与臣子间的权术博弈，导致君主听到的忠言减少，从而影响决策。

历史小百科

申不害解宅阳之围

　　申不害原是郑国小吏，韩国灭郑后被掳到韩国为官。公元前354年，与韩国有嫌隙的魏国突然攻打韩国，包围了韩城宅阳。魏强韩弱，韩昭侯不知该如何退敌。危急关头，申不害建议韩昭侯持珪以臣子的身份去拜见魏王，表示敬畏之心，魏王必会撤军。韩昭侯按申不害的建议行事，魏王骄狂之心得到满足，果然撤了军。自此，韩昭侯对申不害刮目相看，后来又重用他进行变法。

赏罚分明的韩昭侯

　　韩昭侯有一条裤子旧了，让近侍把它收起来。侍者说："大王，您也太吝啬了吧？这裤子您都不穿了，不赏赐给我们，还收起来！"韩昭侯说："我听说英明的君主不随便皱眉，也不随便笑。有该皱眉的事才皱眉，有可笑的事才笑。今天这条裤子，更非皱眉或微笑可比，不可随便给人，我一定要等谁有功劳，才赏赐给他。"

第五节

赵国的异军突起

文物档案

名　称：战国透雕夔龙纹金牌饰

出土地：河北省邯郸市赵王陵二号陵

特　点：金铜合金铸造，镂雕两条相对的夔龙似要腾空而起。

收　藏：邯郸市博物馆

　　赵国原是分晋的三家中最强大的。魏国经李悝变法强盛后，与赵国因争利逐渐交恶。公元前354年，赵国联合齐、燕两国在桂陵之战与马陵之战中大败魏军。公元前334年，赵国国君赵肃侯采纳纵横家苏秦的合纵建议，与齐、燕、魏、楚、韩五国组成联盟共同抗击秦国，赵国成为盟主。公元前326年，赵肃侯去世，15岁的赵武灵王即位。他担心其他六国趁自己势力不稳而瓜分赵国，命令全民进入战备状态。之后，赵武灵王联合韩、宋两国牵制齐、魏、秦。同时，吸取胡服的优势，改良军服，并组建战国时期第一支骑兵队伍。公元前323年，赵国吞并中山国。公元前300年，赵国侵占胡地，建长城以阻止胡狄入侵，使赵国疆域进一步扩大。自此，赵国成为战国中期军事实力足可与秦国抗衡的强国。

博物馆小剧场　　赵武灵王的改革

1 我赵国以前没少帮助其他国家抵御外敌，苏秦合纵六国抗秦，还是我父王极力促成的呢！我父王刚去世，五国国君就各自带领一万精兵来吊唁，这不明摆着想趁我初登君位、国势未稳欺负我国吗？

2 我发现关外胡人的服装，窄袖短衣，轻便灵活，非常适合骑射。可大臣和百姓认为那是野蛮人的衣服，不肯穿。我一箭射穿了城门上的枕木，并宣布有违抗命令不换装者与枕木同下场。

3 改穿轻便的胡服后，我组建了一支机动性极强的骑兵。相较于战车，骑兵的速度快太多了。我先拿常骚扰我国的中山国小试牛刀，仅十几天，中山国就被我灭了。

4 我用骑兵快速吞并了中山国，威震华夏，就连秦国也对我刮目相看，主动要和我联盟呢！我知道秦王的野心。为了提防秦国进攻的时候我国腹背受敌，我命人修筑长城，以阻挡胡人的骑兵。

　　赵武灵王吸取胡人的装备优点为己用，建成战国第一支骑兵队伍，在以战车、步兵为主的诸侯国军队中独树一帜。他还修建长城，抵御外狄，这一举措直接影响到后来秦始皇修筑万里长城的决策。赵武灵王时期，与诸侯国的联盟策略，有效延缓了秦国的扩张速度。然而，公元前 260 年，赵孝成王中了秦国的离间计，用赵括替换廉颇抵御秦国大军，导致长平之战惨败，赵国迅速衰退。

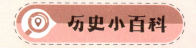

历史小百科

寓意非凡的金牌饰

　　夔龙纹金牌饰是战国时期的服饰用品。它的主体是两条透雕镂空的夔龙。夔龙是王权的象征，再加上牌饰的纯金质地，由此推测它的主人可能是赵武灵王。在金牌饰的边框上，有一圈细细的卷云纹，属于考古学上北方鄂尔多斯式造型。由此可以看出中原农耕与北方游牧兼容的"两重性"。夔龙纹金牌饰也为赵武灵王的"胡服骑射"改革提供了佐证。

长平之战

　　公元前 260 年，秦国与赵国因上党郡的归属问题产生矛盾。秦昭王于是派大将王龁攻打赵国，赵孝成王则派老将廉颇应战。廉颇采取了筑围墙、守营垒的战术与秦军周旋，秦军攻打两年都未能取胜。此时，秦国散布谣言，说秦国最怕赵国的赵括将军。赵孝成王中计，派出赵括换下廉颇。结果在长平之战中，赵军 45 万被坑杀。

第六节

燕国的崛起与衰落

文物档案

名 称：战国火牛阵汉画像石

出土地：山西省吕梁市

特 点：上端刻云气纹，下方刻有一鱼、一马、一龙等，中间为火牛。

收 藏：吕梁市博物馆

公元前 380 年至前 355 年，燕国与韩、赵、魏结盟，在桑丘、灵丘、易水等地多次大败齐军。公元前 323 年，燕国加入魏相公孙衍发起的"五国（魏国、韩国、赵国、燕国和中山国）相王"联盟运动，以对抗秦、齐、楚等大国，燕国国君就此称王。公元前 311 年，燕昭王筑高台，把招贤的黄金置于高台上，以此告知天下人；又拜贤士郭隗为师，表达求贤若渴之心。这些举措吸引了乐毅、邹衍、剧辛等有才能的贤士相继来到燕国。在燕昭王的支持下，乐毅对燕国的法治、军事等进行改革，使燕国走上富国强兵之路。公元前 284 年，燕昭王派纵横家苏秦游说赵国、韩国、魏国、秦国与燕国联合伐齐，又命乐毅为帅，五国联军一举攻占齐 70 余城，使齐国元气大伤。燕国也进入了鼎盛时期。

博物馆小剧场 燕昭王求贤强国

1 齐国以平叛的名义侵入我国。幸亏得到我外祖父秦惠文王和赵武灵王相助，我才得以复国。秦、楚等国的强大都得益于贤士，我向贤士郭隗请教求贤的方法，他讲了"千金买骨"的故事，让我茅塞顿开。

2 我拜郭隗为师，特为他修建宫殿。我还修建一座十几丈高的台子，将求贤的黄金堆放在台子上，让天下贤士看到。大谋士乐羊的后人乐毅来投奔我了，邹衍、苏秦等贤士也来了。

3 我命乐毅改革军事与法治，仅数月便见成效了。苏秦之前到诸国推行合纵之术四处碰壁，我给他钱财支持，让他继续游说诸国，最终，苏秦被六国拜相。为了报答我，他游说四国与我联合抗齐。

4 报仇的时刻到了！我命乐毅为主帅，率领五国联军伐齐。联军势不可挡，仅半年就攻占了齐国70多座城池。强大的齐国几乎被我灭国，再也没有力量与我对抗了。哈哈，果然，得贤士者方能得天下呀！

　　燕昭王听取郭隗的建议，重金招贤纳士，组建智囊团。燕昭王爱才，支持郭隗、乐毅对燕国的改革。同时，他关怀百姓、体察民情，深得燕国民众的爱戴，为五国联合伐齐奠定了民心基础，也使弱小的燕国有机会重创强大的齐国。在苏秦劝齐灭宋，导致秦、齐失和的过程中，燕昭王的智囊团也发挥了重要作用。战国后期，燕国成为六国合纵抗秦的主导力量，成为阻止秦国称霸的最后防线。

历史小百科

燕昭王"千金买骨"求贤

　　燕昭王想振兴燕国，去拜访本国贤士郭隗，郭隗给燕昭王讲述了"千金买骨"的故事：一位国君愿意用千金买一匹千里马，但3年未得。后来有人用500金买了一具已死千里马的尸骨，国君很生气。买马骨的人解释说，这样做是为了让天下人都知道国君真心想买马。果然，不到一年时间，就有人送来了几匹千里马。燕昭王深受启发，拜郭隗为师，并修筑"黄金台"，以此作为招揽天下贤士之地。

田单火牛阵破燕军

　　公元前284年，燕将乐毅率领五国联军伐齐，占领了齐国70余座城池，仅剩下莒城与即墨两座孤城未能攻克。即墨守将田单探知新即位的燕惠王与乐毅不和，便制造谣言，称乐毅想自立为齐王。谣言成功引起了燕惠王猜疑，燕惠王派出骑劫替代了有才能的乐毅。田单又命守军给上千头公牛的牛角上绑上匕首，点燃牛尾，趁着夜色驱赶受惊的火牛攻入燕军大营。燕军大败，田单成功解了即墨之围。

第七节

秦灭六国　战国结束

文物档案

名　称：战国商鞅方升

特　点：青铜质，商鞅颁发的标准量器，容积被定为一升。器壁三面及底部均刻铭文。

收　藏：上海博物馆

　　公元前356年至前338年，秦孝公让商鞅对秦国的律法、禄制、农商、兵役、文化、土地制度、行政以及度量衡进行了全面改革，使秦国称雄于诸国。公元前332年，秦惠文王采用张仪"连横"策略，成功瓦解了六国合纵抗秦联盟。公元前293年，秦将白起在伊阙之战中，斩杀韩、魏联军24万将士。公元前278年，秦军在鄢之战中大败楚军，攻占楚国大片疆土。公元前280年，秦昭襄王采纳范雎的"远交近攻"策略，即"亲近齐国以使赵、楚恐惧，同时收服韩、魏、燕"。公元前260年，秦将白起在长平之战中，歼灭赵军45万。公元前256年，秦灭西周。公元前239年，秦王嬴政开始亲政。公元前230年至前221年，秦国相继灭韩、赵、魏、楚、燕、齐，实现了大一统。

博物馆小剧场　商鞅变法

1 秦王重金招贤变法，我向秦王自荐。给他讲尧舜的帝道，他打却瞌睡；谈及商汤、周武王的王道，他也不感兴趣。但当我讲到春秋五霸的霸道时，他却听入迷了。原来，秦王是想称霸啊！

2 我被任命为大良造，负责主持变法。我颁布了《垦草令》，鼓励农民开荒，重征商税，让国库先充实起来。我废止了大官们的世袭俸禄，他们有功该赏，凭啥子孙无功也能享好处，给国家增加负担？

3 我还建议秦王废止世卿俸禄，遭到很多老臣反对。我劝国君干脆迁都，把反对的声音挡在门外。迁都后，我做的第一件事就是废止土地"井田制"，把土地分给农民私有。

4 经济好转，人口数量也上去了。我把全国分成 31 个县，进行细化管理，每户人口都纳入户籍，有效防止了偷税。我还统一了全国的计量标准，让农民交税有标准，商人跨县交易有依据。

　　商鞅变法与李悝、吴起、申不害变法的根本区别在于其彻底性，它是一场旨在发展封建经济的全面改革。商鞅变法废止了土地公有的井田制，确立了土地私有制，允许土地买卖，这标志着封建制度的正式形成。此外，推行郡县制，使国家治理更加规范化。秦国从秦孝公到秦始皇时期，一直沿用商鞅的治国政策，封建化进程领先其他诸侯国几十年，为秦王嬴政最终实现大一统奠定了坚实的基础。

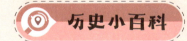

历史小百科

老子

秦长城

　　秦始皇统一六国后，为阻止北方匈奴的进犯，命大将蒙恬带领军民修筑长城。蒙恬不仅将秦昭襄王、赵武灵王、燕昭王修建的长城连接起来，还向西进行了延伸。秦长城非砖砌，而是用土、砂石掺杂树枝、杂草夯筑而成，东起辽东半岛，西至甘肃岷县，蜿蜒曲折长达 5000 余公里。如今，甘肃临洮和内蒙古包头等地，仍留有数段秦长城遗迹。

群星闪耀的"轴心时代"

　　哲学家把公元前 8 世纪至前 2 世纪，也就是我国的春秋战国时期，称为"轴心时代"。这一时期，我国涌现出老子、孔子、孙武、墨子、孟子、庄子、荀子等思想家；南亚出现创造佛教创始人释迦牟尼；古希腊有阿基米德、伊壁鸠鲁、柏拉图、亚里士多德、苏格拉底等；西亚则有犹太先知、摩西等。各种思想、理论在这一时期出现，主导了人类文明的发展方向。

第三章
从秦国到秦朝的华丽蜕变

第一节

秦始皇的绝对权威

文物档案

名　称：秦代阳陵虎符

出土地：山东省枣庄市临城县

特　点：长8.9厘米，宽2.1厘米，高3.4厘米，卧虎形状，可中分为二。

收　藏：中国国家博物馆

　　公元前221年，秦灭六国，成为中国历史上第一个统一的多民族封建国家。为了凸显个人的尊崇，秦始皇创立了"皇帝"的尊号，自称始皇帝，还规定他的继承者沿称二世皇帝、三世皇帝……直至万世。还通过取消谥法、皇帝自称朕、只有皇帝可以用玉玺，以及任何场合都不能直呼皇帝的名讳等方式，强调皇帝至高无上的地位。此外，秦始皇把军事大权牢牢握在了自己的手中，实行军事编制，按照十进制原则，由将军负责军队的指挥，校尉负责士兵营的指挥，而全国军队的调遣，只有皇帝可以。

　　想知道秦始皇具体都做了什么吗？走进博物馆小剧场，告诉你答案！

博物馆小剧场　秦始皇的专属特权

1 李斯认为，我的功劳胜过之前的三皇五帝，便从中各取一个字，建议我自称"皇帝"。我希望我的子孙后代能千秋万世地统治大秦帝国，而我是新时代的开始，就叫"始皇帝"吧！

2 作为至高无上的皇帝，我觉得任何人都没有权力对我评头论足，哪怕我死后也不行。所以，那个周朝开始，依其生平事迹给予皇帝带有评价性质的称号的谥号法，必须取消掉。

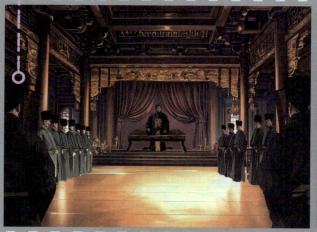

3 我在街上巡视的时候，听到有人喊"嬴政"，无论是喊我，还是和我同名字的人，都让我很不爽。我下令，任何人不能直呼皇帝的名字，任何人的名字里不能带有和皇帝的名字一样的字。

4 作为最高统治者，必须把军权牢牢握在手中。我将军队按照统一标准进行编制，遵循"什伍制"：每5人设一伍长，10人设一什长，百人设一百夫长，千人设一校尉，万人设一将军。能号令天下的虎符只有我有！

这回你知道，秦始皇为什么叫始皇帝了吧？秦始皇为了凸显自己至高无上的地位，真的做了不少事情。秦国的军队战斗力如此强劲，除了因为拥有层级分明的指挥体系外，还因为采用了"兵农合一"的方式，制定了严格的赏罚制度，并且长期坚持对军队进行操练。这些制度的建立和发展，为国家的稳定，以及后续发展提供了重要保障。后世很多军事制度，都有秦制的影子，可见秦始皇的手腕非同一般哟！

历史小百科

秦始皇为什么用"朕"自称？

在秦朝之前，各位君主一般会使用"寡人""孤"等称呼。但这些称呼都有些卑微，不够尊贵。而"朕"一词出现在《尚书》中，是用来称呼神明的，具有崇高的意义。秦始皇自认为是伟大的统治者，可以和神明比肩，故而这个称呼能彰显他尊贵的地位。

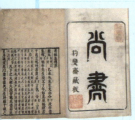

《尚书》书影

能够调动千军万马的虎符

虎符最早出现在春秋时期。当时的人们为保证王命传达不出差错，发明了兵符作为信物。老虎作为百兽之王很符合君王的身份，因此兵符逐渐演化成虎符。虎符由金或铜铸造，分左右两半，上面的铭文完全相同，可完美对合。君王派使者持右半可到持左半的地方将领处调兵，一地一符。秦阳陵虎符便是秦始皇颁给阳陵将领调兵遣将的信物。

第二节

实行中央集权（一）

　　为了巩固国家的统一，实行中央集权，秦始皇听从丞相李斯的建议，废除分封制度，建立了三公九卿制度，用来掌控国家各个方面的事务。在中央监察系统中，设置了一个专门负责监督官员行为的官员——御史。为了让各项制度有效推行下去，秦朝还制定了许多法律，当然，这些法律大部分都是商鞅变法的时候延续下来的，以轻罪重罚为基本原则，非常的严苛。与法律制度同时出现的还有诉讼制度，秦朝诉讼实行"逐级审转复核"制，流程很严密。通过这一系列措施，秦始皇把行政、司法都牢牢控制在自己手中。事实上，维护皇帝至高无上的权力和权威，是秦朝立法、司法的首要原则。

博物馆小剧场　李斯的智慧

1 作为大臣，我特别理解皇上的心思。他可不想再有那么多诸侯国跟他争地盘，所以分封制是他最憎恶的，一定得取消。皇上最大的愿望就是把权力牢牢握在自己手中，我得想办法帮他才对。

2 经过深思熟虑，我提议设立三公九卿，让官员们有明确的层次和职责，并设立一个御史台，举报那些贪污和和虐待百姓的官员，让他们受到法律的制裁。皇上对我的提议非常满意。

3 最近我家的门槛都要被踩烂啦！大家怎么都让我向皇上求情？原来是法律太严苛了，一丁点小罪也会受到严酷的刑罚，他们吃不消了。可是只有这样，皇上下发的指令，才能有效地施行呀。

4 每天我一睡醒就能听见门外的哀号声，法律既然制定了，当然不能随意更改。我能做的，就是减少冤案的发生吧！我想出了制定诉讼制度的办法，其中包括立案、侦查、审判、执行。

　　秦始皇建立的是一种中央集权的制度，它有两个特点，一是权力集中在皇帝一人手中，二是存在不稳定因素。皇帝不可能管理所有事，必然要赋予一小部分人权力，这就导致了一些人在皇帝看不见的地方，欺下瞒上，贪污腐败，所以秦始皇设立的刑罚才会极度严酷。而诉讼制度在一定程度上平衡了法律的残酷性，可见秦始皇非常想让国家在法理的指引下稳步前进。

历史小百科

和氏璧雕塑

传国玉玺的传说

　　传说，秦始皇统一六国后，和李斯登上咸阳城头。这时候，天上飞来一只神鸟凤凰，一头扎进水中。秦始皇相信"凤凰不落无宝地"的说法，连忙派人寻找，打捞出了丢失许久的和氏璧。为了纪念祥瑞，将和氏璧制作成了玉玺，从此成为中国历代正统皇帝的信物。

明镜高悬

　　传说秦始皇有一面镜子，不仅能照见人的五脏六腑，还能照出心中的邪念。因为这面镜子出于秦地，就叫作"秦镜"。秦始皇常用它来照宫中的人，一旦发现了谁心存邪念，就严厉处罚。后来，人们把善于断案、能看透坏人真面目的官员称为秦镜，高悬公堂之上。

第二节

实行中央集权（二）

文物档案

名　　称：秦代铜诏铁权
出土地：甘肃省天水市秦州区
特　　点：整体是馒头的形状，上方有鼻形提梁。上面刻有秦始皇统一度量衡的诏书。
收　　藏：甘肃省博物馆

　　秦朝把秦始皇的命令分为"诏"和"制"两种，皇帝的宣告叫作诏，比如秦始皇曾向全国宣告以铜诏铁权作为标准衡器。而他对某件事情的裁定叫作制，比如秦始皇出于多方面的考虑，采纳了李斯的建议，对于地方的管理，实行郡县制。郡县的管理权直接由中央派出的官员控制，有效地加强了中央政府对地方的控制力，进一步避免了在分封制下，皇帝的权力分散的问题。另一方面，秦始皇将整个国家划分为不同等级和大小的形式，分天下为 36 郡，郡下再设县，彻底改变了原本分裂割据的诸侯国模式。

　　想知道秦始皇的郡县制到底是怎么回事吗？我们一起去博物馆小剧场看看吧！

博物馆小剧场　　　**李斯：皇帝的忠实拥护者**

1 皇上意识到分封制度的缺点，让我们这些大臣想出一种更加集中权力的制度。在其他大臣都劝说皇上，为了国家稳定制度不能变的时候，只有我支持设立郡县制度。

2 皇上的眼睛都亮了，可见他不想把自己的权力分出去。在我的全力辅助下，把天下为 36 郡，每个郡都设有郡守、郡尉和郡监，郡守就是郡的最高长官，由皇帝直接任命。所以，权力在谁手里，很清楚吧？

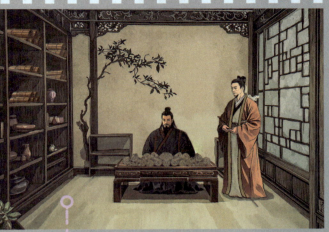

3 为了让各地区成为不可分割的整体，我建议皇上在郡下设立了县或道，拥有万户以上的县，长官叫县令，不到万户的县，长官叫县长。无论是县令还是县长都听从郡守的管制。这还不够，皇上连县令也会直接任命。

4 皇上不止一次和我说，他最讨厌血缘政治了。他认为血统不重要，身份和地位才重要。我不能让皇上失望，所以十分认真地层层筛选，确保各郡的长官都不是靠血缘关系任命的。

秦始皇决策的原则非常清晰，他期待拥有一个稳固的皇权，拥有一个更有效率、更有组织的政府部门代表自己管理各地区，一方面可以避免之前诸侯争斗的混乱局面，另一方面又把权力牢牢把握在自己手里。这一举措也是中国由贵族封建制度走向封建专制制度的标志。尽管在后来的历史中，郡县制经历过一些调整和改革，但是它的核心思想和体系，影响了整个封建时代！

历史小百科

嬴政凄惨的童年生活

公元前 259 年，嬴政在赵国出生。当时，嬴政的父亲异人在赵国当质子，嬴政自然而然也就成了质子。作为人质，嬴政在赵国倍受欺凌，从小就饱尝寄人篱下的滋味。后来异人在吕不韦的协助下逃回秦国，留在赵国的嬴政母子又被加倍虐待，一直过着东躲西藏又孤立无援的黑暗生活。这段经历造就了嬴政坚韧顽强的性格，同时也让他变得任性多疑。

权——古代的砝码

权是秦始皇统一度量衡中的衡器。春秋战国时期，称重多用天平，权是当时的砝码。秦始皇统一衡器时，制作了很多最小 0.5 千克，最大 60 千克的铜权和铁权，分配到全国各县。尽管权的克重不同，但所有秦权上都刻有相同的文字，即秦始皇统一度量衡的诏书。

第三节

秦朝经济文化的发展（一）

公元前216年，秦始皇发现秦朝各地的经济制度不同，发展水平也参差不齐，如果不及时调整和改革，很不利于维护国家统一局面，社会经济也会出现混乱。为了推动国家的繁荣经济，秦始皇实施了一系列的政策：首先推行了均田制，把土地重新规划，分配给农民。与均田制同时出现的，是赋税制度。秦始皇颁布"使黔首自实田"，即要求农民自行呈报占有的土地数量，然后根据土地数量缴纳赋税。同时为了保证各地区之间的经济贸易畅通，秦始皇还将以往各诸侯国各自独立的货币和度量衡进行了统一，比如货币统一使用圆形方孔币，计量容积统一用商鞅方升。这样一来，全国的市场经济都开始稳定地发展起来。

博物馆小剧场　农民生活的重大改变

1 今天是个好日子！我以后再也不怕那些地主仗着有钱有势，随意侵占土地啦！皇上宣布全国实行均田制，将耕地按照户籍和人口，平均分配给我们农民。作为农民，这真的太幸福了！

2 针对纳税这块，皇上颁布了"使黔首自实田"，明确要求我们农民，主动向官府上报土地的数量，然后定期向国家缴纳粮食，作为赋税。国家给了我土地，我向国家纳税，这是理所当然的。

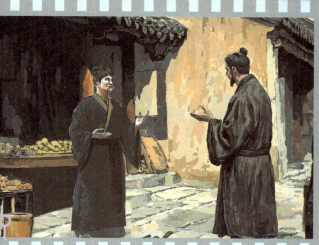

3 除了缴纳国家的赋税，我把今年剩下的粮食拿到集市上卖。有个燕国人竟然用刀币买我的粮食。他一定没注意国家最新的法令，现在不管以前是哪国人都要统一使用圆形方孔钱了。

4 哎呀，前面又吵起来了。有人卖粮食竟然没用商鞅方升来量，结果买家说他分量不足，他还不承认。衙门来人把皇上颁布的诏令，让卖家读了好几遍，还强制给他换了商鞅方升，这下他只能乖乖给买家足够的分量啦！

通过均田制，秦始皇让土地资源得到更合理的利用，农民们喜笑颜开的同时，缴纳上来的赋税，大大增加了国家的财政收入。货币的统一，既方便了各地区经济贸易的交流，又通过铸币的形式，把经济大权都集中到了秦始皇的手上。统一度量衡则加强了全国各地区间的经济联系。这些举措为秦朝经济的崛起，奠定了坚实的基础。

历史小百科

圆形方孔钱的诞生

在秦朝如火如荼的钱币"海选"中，小巧的圆钱战胜了其他货币，它的圆形象征天地间的和谐统一，而方孔代表皇权，钱币流通到哪里，就表示它所代表的皇权散布到了哪里。秦始皇为了宣传"天命皇权"，圆形方孔钱就成为统一六国后全国通用的钱币。

秦朝的农民为什么叫"黔首"？

"黔"是黑色的意思，"首"是脑袋的意思，在秦朝，许多农民都拿黑色的头巾裹着头部，因此得名。秦始皇十分崇尚黑色，他要求臣子的服饰、节旗都得使用黑色。秦朝灭亡后，汉高祖刘邦崇尚红色，就极少用"黔首"来形容农民了。

第三节
秦朝经济文化的发展（二）

文物档案

名　称：秦代两诏铜权

出土地：甘肃省秦安县上袁家村

特　点：身体呈钟的形状，是一种度量衡的标准器物，相当于秤砣。

收　藏：甘肃省博物馆

在秦朝统一全国之前，各国都有自己的文字，各不相同。秦朝建立后，秦始皇认为只有标准化文字，才会帮助文化的传播和交流，让不同地域的人们实现有效沟通。于是他听取丞相李斯的建议，取缔之前各国的文字，实行"书同文"。之后，李斯亲自制定了全国汉字书写的标准，这种汉字就叫作"小篆"。

此外，秦始皇下令将车辆的轮距全部改为六尺，实现"车同轨"，让车辆可以在全国范围内畅通无阻。同时，为了推动文化和交通的发展，秦始皇下令建造了许多宏伟的工程，如长城和驰道等。

博物馆小剧场　　秦始皇的长远眼光

1 原先各诸侯国给我递过来的奏折，上面的文字我根本看不懂。这么下去我还怎么管理全国？李斯又给我提了好建议，统一文字。我当即让他以秦国文字为基础，创造出一种新文字，让全国人都使用。

2 有一次我去原赵国的地域视察，车子一到那里，就因为轮子和之前的车辙不一致，导致颠簸得不得了。回宫后，我马上颁布了一条诏令，统一车轮的距离，这样到哪里都能畅通无阻了！

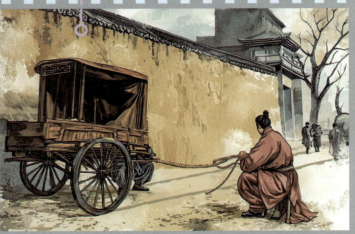

3 今天上朝时，有大臣上奏说北边不断有游牧民族袭扰。这件事可不能轻视，万一他们突袭中原就麻烦了。所以我得让人修筑一条预防北方民族来袭的长城才行。

4 为了我平时出巡方便，再修一些驰道吧！这个任务我交给了将军蒙恬，他真的太给力了，率领30万秦军开山破土，没几年就开通了一条条以咸阳为中心延伸到四面八方的驰道。现在出行，比之前要省一大半时间呢！

　　秦始皇不愧为一代帝王，还是很有长远眼光的。他统一文字大大方便了文化的交流。修筑的万里长城，可以抵御游牧民族南下，让中原人民免受匈奴的侵扰。四通八达的驰道，在全国范围内形成了以咸阳为中心、向四周辐射的交通系统，再加上车同轨的实现，便利了各国之间的陆路交通，对经济繁荣、文化融合，都起到了积极作用呢。

历史小百科

制笔行业的祖师爷

秦朝初期，当时的写字就是刻字，用刀刻在竹简上。大将军蒙恬经常需要向秦始皇奏报军情，文书来往频繁，刻字很耽误时间，他便剪下兔尾毛插在竹管上，兔毛吸饱了墨，可以流畅地写好不少字！

2000年不长草的秦直道

"不长草"其实是人为操作的结果。秦始皇为了保证驰道的畅通，把路线选在了沙漠和黄土之间，沙漠本来水分就很少，而且他还命令工人在道路两旁架起大锅，将黄土倒入锅中炒熟，然后再加入盐碱，这样黄土里就不可能生长植物了。

石门山"秦直道"石碑

第四节

秦始皇求不死之药

文物档案

名　称：秦代琅琊刻石
出土地：山东省青岛市琅琊台
特　点：残石上面刻有秦始皇
统一天下的功绩。
收　藏：中国国家博物馆

　　秦始皇希望长生不老，成为一个永恒的帝王。为了实现这个目标，他频繁出巡，只为寻求仙丹灵药，延年益寿。他曾巡视东方疆土的时候来到琅琊郡，还让人将自己的丰功伟绩留在了琅琊刻石上。在琅琊郡，秦始皇遇到一个叫徐福的方士。徐福称，东边大海中的 3 座仙山上，居住着一些神仙，掌管着长生不死的丹药。秦始皇便命方士徐福带着一群童男童女出海寻仙了。结果，期望越大，失望越大，徐福几次无功而返。后来秦始皇又相信了炼丹术士们的谎言，开始亲自炼制不死仙丹。这种盲目的追求，最终让他走上了一条错误的道路。

博物馆小剧场　　徐福寻仙记

1 听说皇上在到处找能帮他长生不老的人！我记得古书里说过，东方海之中有 3 座仙岛蓬莱、方丈、瀛洲。于是我进宫去见皇上，告诉他，我可以帮他找到神仙！

2 皇上让我赶紧出发。可第一次我什么都没找到，皇上差点儿让我蹲监狱！我不敢说真话了，便谎称东方仙岛的神仙要我拿 3000 童男童女来换长生不老药。而且一路上很危险，需要大船和强弓硬弩。皇上痛快地答应了。

3 我第三次登上了蓬莱仙岛，结果当然没碰到神仙。一想到后半生都要被秦始皇折磨，我就打哆嗦。于是我偷偷更改了去东海的路线，把大家都带到一个小岛上，过起了逍遥日子。

4 我以为我的一去不复回，秦始皇应该警醒了。可听说他又将许多"江湖骗子"聚集在一起出谋划策，最后决定自己提炼仙丹。他把五金、三黄、平石等40多种中草药一股脑加入丹鼎中。这不是在祸害钱吗？

　　秦始皇在寻找长生不老药的过程中，让国家浪费了大量的人力、物力和财力，无疑加重了百姓们的负担，这也成为秦国社会动荡不安的根源。此外，秦始皇为了炼丹修仙方便，在炼丹方士卢生等人的鼓动下，将皇宫搬到了咸阳地宫。徐福走后，尽管秦始皇耗费更多人力物力，也没有实现长生不老的梦想，反而让秦国变得千疮百孔。

历史小百科

丹鼎求药

　　秦始皇有了长生不老的念头后，便邀请道士到宫中焚香祭拜。不过，他很快就觉得这种方法太虚幻，还不如弄一些实际的丹药，吃进肚子才安心。后来他亲自下江南，在一次寻找中发现了丹鼎，便运回宫里，每天炼药、吃药，做着长生不老的美梦。

秦始皇为何会信任徐福？

　　徐福是战国时期的传奇人物泰州鬼谷子的关门弟子，他从小博学多才，通晓天文、航海、医学等众多知识，在琅琊一带有颇高的名望。秦始皇第一次来到琅琊，曾看到海州内出现海市蜃楼的景象，认为海市蜃楼中的场景便是仙人的居住地。徐福第一次上书时便告诉秦始皇说海中有蓬莱等仙山，这刚好与秦始皇的想象契合，因此得到秦始皇的信任。

第五节

秦始皇焚书坑儒（一）

文物档案

名　称：帛书《战国纵横家书》
出土地：长沙市马王堆三号汉墓
特　点：该典籍是秦朝焚书时幸存下来的。
收　藏：湖南博物院

公元前 213 年，秦始皇在咸阳举办了一场宴会。宴会上，秦朝仆射周青臣吹捧秦始皇立下的丰功伟绩。博士淳于越一杯酒下肚，开始借题发挥。他认为秦朝应该效法之前的夏、商、周三个朝代，实行分封制。丞相李斯继续持反对意见。这场争论的出现，很快让秦始皇意识到了另外一个问题：这些一辈子都在读书的人，他们所学习的书籍很多都是春秋战国时期的典籍。所以，这不是一场单纯的利益之争，而是思想上的战争。这时，丞相李斯建议，焚烧儒家经典以及其他诸子百家的各类书籍，以绝后患。这场焚书行动，得到了秦始皇的大力支持和推动，他认为这是彻底消除异己思想、巩固国家统治的有效手段之一。

 博物馆小剧场　秦始皇统一思想文化

1 本来挺好的宴会，被博士淳于越搞砸了。他在大庭广众下问我："周朝有各诸侯国帮助才能存在八百年。如今您的统治没有这些帮助，能存在几年呢？"他是在劝我搞分封制。

2 我给了李斯一个眼神。他马上懂了我的意思。他说：想巩固大一统的基业，就要给你们这种文人洗洗脑子里的旧文化。我也突然惊觉，这些满脑子儒家思想的人原来还有这样的想法，他们还有什么想法是我不知道的？

3 宴会结束后，李斯提议把那些儒家经典，还有其他诸子百家的书籍统统烧掉，以杜绝思想意识上的混乱。我决定除了秦史，以及医药、卜筮、种树等方面的书，其余的书要尽数销毁。

4 之后的一个月里，我每天都能听见读书人的哭声，哼！只要他们还在大秦的土地上，就要听我的命令。我让人把藏书都集中到郡，由郡守进行焚烧。看谁还敢在我面前，提不利于统一的话题！

秦始皇之所以要烧掉诸子百家的书籍，是希望加强思想控制，巩固自己的统治地位。事实上，焚书坑儒虽然在一定程度上禁锢了人们的思想，维护了秦朝的大一统政治，但是加速了秦国的灭亡。此外，大量的文化典籍被销毁，使得许多珍贵的先秦文化资料也随之消失，这不仅对文化传承造成了巨大的破坏，而且钳制了人民的思想自由，阻碍了国家的创新和发展。

历史小百科

秦灰堆遗址焚书

灰堆遗址也称作焚书台，位于渭南老城以南大约 1.5 公里。相传，此地为秦始皇时期焚书的场所。秦始皇经过充分考量，把焚书的位置放在离县城不到两公里的地方，这样运输藏书很方便，而且那里台高突兀，无遮无挡，气流比较急，有助于在短时间内燃烧，而且四周没有屋子，不会造成火灾。

伏生藏书

秦始皇焚书期间明确规定，有敢私藏禁书者灭族。但在朝博士伏生冒着被砍头的风险，将《尚书》暗藏于家中墙壁的夹层内。乱世中，伏生外出逃亡，流落他乡。公元前 202 年，秦亡汉立，天下平定，伏生才得以返回家乡，从夹壁中找到所藏《尚书》。因为年岁耽搁、虫蛀雨浸，《尚书》已是残简断章，毁损大半，原来的百余篇只剩下了 29 篇。尽管残缺不全，但它作为民间仅存的孤本，尤为珍贵。

第五节

秦始皇焚书坑儒（二）

文物档案

名　称：秦代坑儒谷

特　点：正面刻有"秦坑儒谷"四字，据考证，这里是当年秦始皇"焚书"。而引发的"坑儒"事件的地点。

地　点：陕西省西安市临潼区

公元前212年，随着皇权的稳定，秦始皇开始追求长生不老之术，希望永生永世都能享受至高无上的权力。为此，秦始皇养了许多术士，没日没夜地为他炼药。这期间，侯生、卢生两个术士便迎合秦始皇的需要，谎称可以为他找到长生不老之药，获得地位。当时秦法明确规定，承诺后不能兑现的人，一律斩首示众。侯生、卢生二人自知无法实现承诺，又害怕受到惩罚，便逃之天天。在逃亡路上，侯生和卢生开始散布谣言，说秦始皇刚愎自用，贪恋权势，不配当皇帝。秦始皇听后非常愤怒，下令捉拿侯生和卢生，并把参与传播谣言的460余人，在咸阳活活埋掉，这就是所谓的坑术士，也叫作坑儒事件。

 博物馆小剧场　欺骗秦始皇的后果

1 听说皇上最近迷恋长生不老之术，还养了不少术士为他炼丹药。我和卢生一说能给皇上找到长生不老药，他又是封我们官位，又是给金银财宝的。幸福来得太突然了！

2 我们的目的是骗取钱财，心里很清楚，根本不可能炼出什么长生不老药。根据秦朝律法，不能兑现承诺，一律斩首示众。所以，我和卢生在丹药快制成的头一天晚上，背着金银珠宝，趁守卫看管不严，逃跑了！

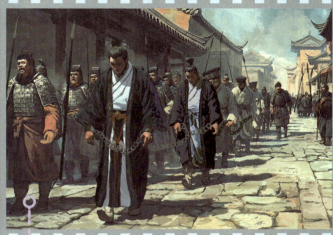

3 都怪卢生多嘴！非说皇上一大堆坏话，皇上专权、贪恋权势，关我们什么事啊！这下好了，大家都在传播谣言，皇上大怒，四处发文通缉我们。我们整天过着东躲西藏的日子，太难了！

4 我们好多天没吃好睡好了，今天壮着胆子来一个隐蔽的小酒馆吃东西，没想到一下子被抓住了。除了我们还有好多术士、儒生都被抓了，整整 400 多人。我们被押往咸阳，真不知道会发生什么！

　　秦始皇通过坑儒的极端手段，让秦朝虽然短期内加强了统治，但这种残忍的态度引起了百姓们的不满，大失人心的同时，激化了社会矛盾。秦始皇统一六国，是第一位实现全国大一统的封建帝王，单凭这项功绩秦始皇就值得被后人称颂，焚书坑儒事件却成为他一生最大的污点。不过关于坑儒是否真实存在，现在还有很多争议，还有待考证。

历史小百科

秦始皇为什么讨厌儒生？

　　秦始皇早期还是很欣赏儒生的。公元前 219 年，已经完全统一六国的秦始皇，想在峄山（山东济宁）立一块为秦朝歌功颂德的石碑。秦始皇觉得这是一件非常重要的大事，便询问儒生的想法。没想到，这些儒生并不把这个当回事，甚至有点儿不屑的态度，提出拿扫帚去扫一下卫生就够了。秦始皇第一次找儒生商量大事便大失所望，自此对儒生失去了好感。

嬴政的残暴行为

　　一天，秦始皇游玩时，发现李斯身后带了许多随从，甚至比自己的还多，有些不高兴。哪知李斯在秦始皇身边安插了眼线，随时报告秦始皇的动向和情绪变化，以便他提早筹谋。秦始皇的不满让李斯大为惊恐，当即减少了车骑随从。秦始皇瞬间明白自己身边有李斯的眼线。但他没有选择调查、清除眼线，而是直接下令将那天随侍在自己身边的人都杀了！

第六节

改变秦朝命运的沙丘之谋

文物档案

名　称：秦代辒辌车
出土地：陕西省西安市临潼区秦始皇陵
特　点：四周屏蔽，后边留门，门上装有可开闭的门板，憋闷时可开窗。
收　藏：陕西省临潼秦始皇帝陵博物院

公元前 210 年，秦始皇一生中最后一次出巡。和往常一样，跟在他身边的人有次子胡亥、丞相李斯和宦官赵高。车队刚刚走到沙丘宫时，秦始皇便病重不起，几次咳血。他深知自己命不久矣，因为手不能握笔，就由他口述，赵高代写遗诏。遗诏写完后，秦始皇命令赵高立刻派人将遗诏送给在北部边境监军的扶苏公子。秦始皇希望扶苏赶回京城为自己主持葬礼。然而，遗诏还没来得及送出，秦始皇就驾崩了。赵高没有对外公布秦始皇去世的消息，还按照路线继续完成巡游，并用一车发臭的鱼掩盖秦始皇的尸体散发的气味。接着，赵高用丞相之位诱惑、威胁李斯，然后一同篡改了秦始皇的传位诏书：废黜太子扶苏，拥护年纪尚小的胡亥为秦朝的新帝。胡亥就是秦二世。

博物馆小剧场　赵高的阴谋

1 皇上又要出巡了，我当然会陪着他。刚走到沙丘宫，他的身体就很不好了。这不，他把我叫到身边，让我代写一道诏书给长子扶苏，命令扶苏立即赶回咸阳主持丧事。

2 我心不在焉地写完诏书，皇上吩咐我立即派使者发出诏书。但是我与扶苏公子一直很不对付，他继承了帝位，还有我的好果子吃吗？我一边假意答应着，一边想对策。

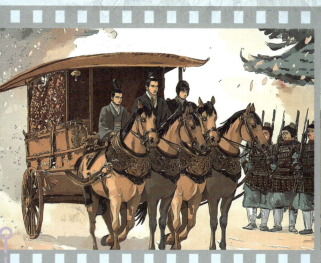

3 皇上死后。丞相李斯说，还没有确立太子呢，天下人知道真相后肯定会慌乱的。我表示先秘不发丧继续巡游，沿途购买发臭的鲍鱼来掩盖尸臭。

4 我许诺李斯荣华富贵，还告诉他，如果扶苏当上皇帝，丞相肯定不会给他。李斯果然被我说动，帮忙伪造了一份诏书，以"不忠不孝"的罪名将扶苏抓起来，让胡亥继承皇位。对，我要拥护好控制的胡亥为帝。

　　"沙丘之谋"是秦朝政治黑暗的开始，奸臣赵高表面上辅佐胡亥登基，实际上是把大权握在自己的手中，从此独断专行，扰乱朝纲。但令人唏嘘的是，像李斯这样一个曾帮助秦始皇建立秦朝、一统天下的风云人物，最后却为了一己私欲，参与进伪造遗诏的事件中，而他自己也在两年后被赵高陷害，落得家破身亡的下场。沙丘之变后，秦朝的政治陷入了一片混乱中。

 历史小百科

秦朝的高级卧铺

　　古代有一种豪华的车，叫作辒辌车。车厢的两边有窗户，可以调节车厢内的温度。车轮的车距定为203厘米，行驶过程中不会颠簸。这种车因为足够宽大，乘车的人可以选择坐着或躺着，大大提升了乘坐的舒适感。因此它成为秦始皇出巡的首选。

赵高指鹿为马

　　胡亥即位后，封赵高为中丞相，自此赵高开始独揽大权，操控朝政，谁敢反对他，就杀掉谁。据说，有一次，赵高将一只鹿献给秦二世，并声称这是一匹马。秦二世非常困惑，询问在场的大臣们。结果，一些大臣因为害怕赵高的权力而附和那是马。秦二世尽管不太认同，也无可奈何。之后，赵高又对小部分坚持说是鹿的大臣进行了迫害。

第七节

秦二世残暴的统治

文物档案

名　称：秦代青铜铍
出土地：陕西省西安市临潼区秦兵马俑一号坑
特　点：铍的形状和短剑相似，铍身是两侧六面的扁体，前锐后宽。
收　藏：陕西历史博物馆

公元前 209 年，胡亥继承皇位，成为秦朝的第二位皇帝。他没有对秦始皇在位期间的残暴统治进行反思，反倒是开始了新一轮的暴力统治。胡亥从小娇生惯养，缺乏主见，听信奸臣赵高的建议，做了许多违背伦理道德的事情。他残酷地对待忠于朝廷的大臣，甚至对自己的兄弟姐妹也毫不留情。胡亥的性格更多的是以自我为中心，以"快乐为本"，是历史上有名的"玩乐皇帝"。他为了自己的欲望，疯狂榨取百姓血汗，在全国范围内大量征召劳动力，修建豪华宫殿。他还大幅增加百姓赋税，让百姓生活在水深火热之中。最后，在胡亥的贪婪残暴统治下，百姓生活在水深火热之中，纷纷走向了起义反抗的道路。

 博物馆小剧场 一个傀儡皇帝的内心世界

1 我当上皇帝啦！这都是赵高的功劳，他对我这么好，我当然要对他言听计从啦！他多次让我铲除秦朝建国大功臣，比如蒙恬、蒙毅兄弟两人，虽然我不理解，但还是照做了。

2 我开始理解父亲了，拥有权力实在是太爽啦，想做什么都行！赵高告诉我，要想坐稳皇位，手段一定要狠辣。他让我把自己的兄弟姐妹全部除掉，免除一切后顾之忧。

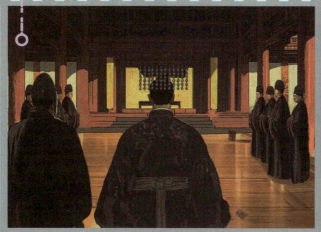

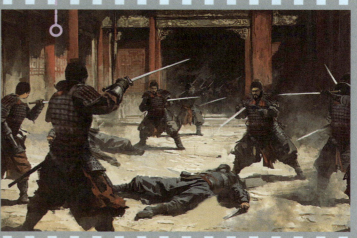

3 我这么尊贵的身份，必须时刻保持威严。赵高担心我经常在不经意间暴露弱点，被人嘲笑。所以我决定，由赵高代替我处理政事，他主意最多了。

4 我想继续修建阿房宫，夜夜看歌舞！可国库已经没钱了，那增加百姓的赋税好啦。对，还得抓一些人来当我的免费劳动力。据说，好多人都在骂我，我才不管呢。

　　秦二世胡亥在奸臣赵高的辅佐下，以更加种残暴的方式统治国家，将曾经辉煌一时的秦朝一步步推向了深不见底的深渊。大兴土木、横征暴敛，不仅加剧了普通民众的生活负担，使人们生活在水深火热之中，同时也激化了社会矛盾。一场改天换地的农民起义即将来临……

历史小百科

秦始皇陵远景

残忍的秦二世

　　秦始皇下葬这天，胡亥突然说："宫中凡是没生过孩子的女子，一律陪先帝下葬。"宫女、嫔妃们号啕大哭。而就在工匠们一层层地封墓时，胡亥想到工匠们都熟悉墓中的情况，万一将来盗墓怎么办？赵高建议道："那就一个不让活着出来！"胡亥点点头，便命人将工匠们全部封在墓中。

阿房宫名称由来

　　阿房宫始建于公元前212年，地基遗址位于西安市西郊。相传，秦始皇统一六国时，常因战事而焦虑。宫中一位叫阿房的宫女看到后，自创了一些小把戏给秦始皇排解忧愁。六国统一后，秦始皇想把体贴的阿房收入后宫，却因阿房的身份卑微遭到大臣反对。阿房不想让秦始皇为难，选择了自缢。为了纪念阿房，秦始皇便把新建的宫殿定名为阿房宫。

第八节

陈胜、吴广大泽乡起义（一）

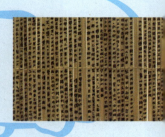

文物档案

名　称：秦代睡虎地秦墓竹简

出土地：湖北省云梦县睡虎地秦墓

特　点：内容主要是秦朝时的法律制度、医学著作、占书等。

收　藏：湖北省博物馆

公元前 209 年，秦二世在全国范围内大规模征召劳动力。那时候，全中国人口不超过 2000 万，前前后后被征发去筑长城、守岭南和其他劳役差不多有二三百万人，剩下耕种的青壮劳力已经寥寥无几。百姓们哀声怨道。这时，陈胜、吴广被任命为屯长，和阳城的两名军官押着 900 名戍卒一起到渔阳驻守。当大部队走到蕲（qí）县（今安徽宿州蕲县）大泽乡时，天公不作美，连日大雨将道路冲毁。他们被迫停下来，这意味着无法按照约定的日期到达渔阳。当时秦朝的法律规定，延误日期就是违反军令，违反军令只有死路一条。陈胜、吴广不甘心就此被杀，带领 900 名戍卒杀死了押解戍卒的军官，然后发动了反抗秦朝暴政的起义。

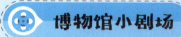

博物馆小剧场　起义前的准备

1　朝廷让我们押着被强招来的戍卒一起去防守渔阳。我很憎恶二世的暴政，生活所迫才不得不听候他们的差遣。现在被逼到了绝路，不反抗的话就只有死路一条啊！

2　我和吴广私下商量用计策带动戍卒和我们一起起义。我在一块绸布上写上"陈胜王"3 个字，塞进鱼肚子里，后被戍卒无意中发现，引起关注。吴广又半夜假装狐狸叫，大喊"大楚兴，陈胜王"。戍卒们果然上当了！

3 过了几天，我和吴广故意大声规划逃跑路线。军官听到了，冲过来先是抽打了吴广几鞭子，又拔出刀来杀我。军官不知道的是，戍卒已经把我视为他们的首领。他们一拥而上，解决了军官。

4 杀了朝廷命官，就真的再也没有退路了。我趁机喊出了一句口号："王侯将相，宁有种乎？"戍卒们群情激昂，当即决定跟我一起起义。我让人砍伐树木作为武器。我们开始行动了！

秦二世的暴政终于迎来了第一次强力的反击。陈胜、吴广起义拉开了武装反抗暴秦的序幕。起义爆发后，由于秦朝内部被奸臣赵高控制，朝廷反应迟钝，再加上被压迫的百姓纷纷参加反抗，直接搅乱了秦朝的统治体系。陈胜、吴广的革命首创精神鼓舞了千百万劳动人民起来反抗残暴的统治，而那句"王侯将相，宁有种乎"直接成为后世王朝的"梦魇"。

历史小百科

千年谣言中的阴谋

1975 年，湖北省孝感市云梦县，考古专家发现多册记载秦朝时期法律内容的竹简，被称为"睡虎地秦简"。上面写着徭役逾期的处理方法：三五天会被责骂，10天以上会被扣钱，如果途中遇到大雨、山洪等不可抗力阻，此次征调取消，不会受罚。如果真如《睡虎地秦简》所记载，那陈胜、吴广的起义动机就值得考量了。

戍卒是做什么的？

"戍卒"是指古代军队中，负责守卫边境和要塞、保护领土不受外族侵犯的士兵，通常是由已经年满 18 岁的士兵担任。兵源来自服徭役的平民，戍卒自备粮草与衣服，远途跋涉的戍守边疆。他们日常主要任务是训练和作战，包括巡逻、守卫、哨探等，需要时刻保持战备状态。

第八节

陈胜、吴广大泽乡起义（二）

　　陈胜、吴广带领着起义军一路势如破竹，首先占领了蕲县，然后分兵两路，一路由葛婴率领，向东挺进；另一路主力部队由陈胜亲自率领，向西进攻，很快占领了安徽、河南两地的许多州县。当起义军到达陈县时，队伍已经发展到几万人了。这时，大家推荐陈胜为王，建立了张楚政权。在陈胜、吴广起义的推动下，全国各地的穷苦百姓纷纷响应，曾经被秦始皇消灭的六国的贵族后代，也举起了造反的大旗。但此时，起义军内部发生矛盾，围攻荥（xíng）阳（今河南省郑州市西）的吴广被部将杀害，导致军心涣散，剩下的其他几支起义军先后被秦军击破。陈胜只能亲自领导起义军奋力抵抗秦军，最后因为寡不敌众，以失败告终。

博物馆小剧场　　起义军的发展曲线

1 我们在大泽乡起义不久，老百姓扛着锄头、铁锹纷纷赶来加入我们！我们的队伍越来越壮大，在大家的推举下，我坐上了王位。我把国号定为"张楚"，意思是张大楚国！

2 沿途遇到的老百姓让我们尽快推翻秦朝的暴政。我想让吴广辅佐我，于是封他为"假王"，让他监督和率领众将领去西击荥阳，再进入函谷关，抢夺秦朝土地。而我独坐"张楚王宫"，可以坐享其成了。

3 在我看不见的地方，围攻荥阳的起义军内部发生矛盾，将领田臧和吴广意见不合，竟然假借我的命令杀死了吴广。要知道，吴广和我一起起义，在起义军里的声望仅次于我。

4 就在我们的人心出现波动的时候，秦国将军章邯带领秦军直冲荥阳，打得我们措手不及。我只好带着起义军撤退。谁承想，在撤退的途中，叛变的车夫庄贾却把剑架在了我的脖子上。真不甘心呀！

你能说出中国历史上第一个农民政权是什么吗？对，就是张楚政权，它的建立鼓舞了被秦朝压迫的老百姓，从根本上动摇了秦王朝的统治。尽管陈胜称王只有短短半年的时间，却为之后的项羽、刘邦灭秦创造了有利条件。汉初的休养生息政策和开明统治在很大程度上是受农民起义的影响，所以陈胜、吴广的历史功绩永远不会被淹没。

历史小百科

青铜剑是如何制作的？

青铜剑最早诞生于商代，到秦汉时期被铁剑取代。其中秦式铜剑是剑身最长的。制作青铜剑的最基本的原料是铜。工人们在铜矿附近建一个冶炼中心，先将矿石炼成铜锭，然后在铜锭里面加入其他金属制成的合金，最后用模具浇铸成青铜剑。

起义军为什么要攻取陈县？

陈胜的意图非常明确，一是扩大起义军的影响力，陈县不仅是陈郡的治所地，曾经还是楚国的都城，战略位置十分重要。二是能极大地稳定军心，起义军队伍的主要成员及其家人都在陈县，亲情的力量更能调动起义军的战斗精神。

第九节

长达八年的楚汉之争：
巨鹿之战

文物档案

名　称：秦代蓝纹灰陶釜

出土地：陕西省咸阳市

特　点：侈口、颈极短、鼓腹、上腹有
斜绳纹，下腹为扁形器泥胎痕，竖向不规则排列。

收　藏：旬邑博物馆

　　陈胜、吴广起义失败后，其他起义队伍继续在全国范围进行着反秦斗争，还有六国之前的残余势力也打着复国的旗号，趁势起兵。在众多反秦队伍中，要数项羽和刘邦领导的起义队伍最为壮大。公元前208年，秦二世命令大将章邯率领北路军与东路军，将赵王赵歇围困在巨鹿。赵王向楚怀王及各路诸侯求援。此时，秦军数量高达40万，各路诸侯军都畏缩不进，只有项羽率军5万北上救赵。到达巨鹿县南，渡过漳河后，项羽命令全军破釜沉舟，烧掉帐篷，只带3日的粮食，以示必胜的决心。楚军个个士气十足，以一当十，终于打退章邯的大军，解了巨鹿之围。自此，项羽确立了在各路义军中的领导地位，成为新一代起义领袖。经此一战，秦朝失去了一大批主力军，走向了覆亡的结局。

博物馆小剧场　以多胜少的战争

1 秦将章邯带领四十万秦军到达巨鹿，围困赵王。从数量上来说，我的5万楚军完全无法与之匹敌。我向各路诸侯起义军求助，可他们早吓破了胆，谁也不帮我。

2 秦兵虽多，却极其懒散。而我的士兵坚持军事训练。从这点来说，我们占据绝对优势。我下令让士兵每人身上只带3天的粮食，还砸破了舟船和炊具。这一战，我们只许成功！

3 我们已经无路可退了，要想活命，只能不顾一切地拼杀。我的军队战斗力顿时倍增，没多久就击破了秦军猛将苏角的军团。章邯连夜撤走了支援部队，我们马不停蹄地发动战斗，连赢了9次。

4 这帮胆小怕事的诸侯军啊。当初不帮我，现在看我带领军队以少胜多，大败秦军，立刻对我佩服得五体投地。这不，他们自发地拥护我，要让我做各路起义军的领袖！好吧，这领袖的位置确实只有我一人能够胜任。

　　巨鹿之战是继牧野之战后，中国古代史上又一次以少胜多的战役。这一切离不开项羽的英明决策，以及平日强有力的训练和正确的指挥。巨鹿之战不仅解了赵王之围，也极大地削弱了秦朝的军事实力，更为反抗秦朝暴政的起义运动增添了斗志。此外，巨鹿之战作为经典战例之一，对后世军事思想产生了深远影响。

历史小百科

项羽名字的传说

　　据传，项羽是东海龙王之女的孩子，一只老虎曾把他带到石洞里哺养。一天，老虎出外寻找食物，项羽爬到外面，发现下雨了。正巧这时，天空飞来了一对凤凰，张开双翅，用羽毛给他遮风挡雨。一对姓项的夫妇看见了无人照顾的孩童，心生不忍将他抱回了家。他们想起了凤凰的羽毛，认为"羽"象征着飞翔和力量，希望这孩子以后能够振翅高飞、实现远大志向，便给他起名"项羽"。

项羽用什么武器？

　　项羽小时候不爱读书，也不爱学剑。项羽的叔父项梁，便为他专门订制一把霸王枪，长一丈三尺七寸，重九九八十一斤。枪锋锐利，枪身巨重。史料里记载，项羽时常以一敌百，除了他自身力大无比外，这个兵器也功不可没呢！

第九节

长达八年的楚汉之争：
垓下之战

文物档案

名　称：秦代箭镞

出土地：安徽省蚌埠市固镇县垓下遗址

特　点：箭头是青铜质地，箭由羽、稿（箭杆）、箭头组成。

收　藏：天津博物馆

就在项羽忙于与秦军在巨鹿交战的时候，公元前207年底，刘邦率军先进入咸阳。按照之前各队伍与楚怀王的约定："先入定关中者王之。"项羽对此十分不满，设鸿门宴震慑刘邦，之后自号为"西楚霸王"，对各诸侯进行分封。公元前206年，刘邦联合其他不满项羽统治的诸侯王，率领近5万大军伐西楚，结果大败。刘邦无奈之下退守荥阳，自此拉开了长达两年多的楚汉战争的序幕。战争前期和中期，项羽在兵力上占据极大优势。但因为他刚愎自用，缺乏谋略，渐渐失去了战略优势。与此同时，刘邦将黄河以北的诸侯国消灭殆尽，对项羽形成战略包围。公元前202年，垓下之战中，刘邦率军大败项羽军。项羽自觉"无颜面对江东父老"，选择乌江自刎。楚汉战争以刘邦率领的汉军胜利告终。

 博物馆小剧场 　**刘邦的进击之路**

1 当初，楚怀王有言在先，先入关者为王。我的兵力不如项羽，但我趁他与秦军交战的时候率先进入咸阳。项羽很生气，想在鸿门宴上算计我。结果我在众人帮助下逃脱了。

2 项羽故意把我封到汉中。关中是风水宝地，而汉中与关中隔着雄伟的秦岭，特别偏僻、贫瘠。看来，项羽是要提防我与他争天下啊。好吧，我就趁机先好好积蓄下自己的力量吧！

3 项羽只拨 3 万兵马给我，幸好我懂得收买人心，那些不满项羽的诸侯都愿意和我联合起来，一起攻打项羽。项羽带兵果然厉害，我的汉军差点儿全军覆没。张良建议我固守荥阳，重新做谋划。

4 经过几年的征战，众叛亲离的项羽已经不是当年的西楚霸王了！他还妄想与我划定楚河汉界，共分天下。我的大军将楚军困于垓下，唱着他们最熟悉的楚歌，令他们斗志全无。至于项羽，一个人孤勇有什么用？

时势造英雄，英雄造时势。刘邦的成功，除了靠天时地利，还在于他的用人眼光和懂得笼络人心，从而获得了越来越多的支持。而项羽尽管勇猛有加，却刚愎自用，暴躁残忍，不仅众叛亲离，也一步步失去了民心，最终落入悲惨的境地。楚汉战争的最后一战垓下之战，既是楚汉相争的终结点，也是汉王朝的起点，更是中国历史上具有里程碑意义的转折点。

历史小百科

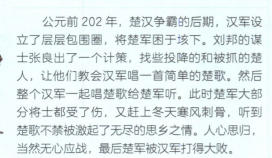

汉军为什么要唱楚歌？

公元前 202 年，楚汉争霸的后期，汉军设立了层层包围圈，将楚军困于垓下。刘邦的谋士张良出了一个计策，找些投降的和被抓的楚人，让他们教会汉军唱一首简单的楚歌。然后整个汉军一起唱楚歌给楚军听。此时楚军大部分将士都受了伤，又赶上冬天寒风刺骨，听到楚歌不禁被激起了无尽的思乡之情。人心思归，当然无心应战，最后楚军被汉军打得大败。

霸王自刎的原因

传说项羽不甘被困垓下，带着八百精兵突围狼狈逃到乌江亭后，看见无数只蚂蚁聚成"霸王自刎"四个大字。项羽惊魂不定，以为蚂蚁代表"天意"，才会绝望自刎。殊不知，这是刘邦的军师张良设的攻心计，他事先派人在江边用蜜糖写下几个大字，蚂蚁闻到气味，便成群结队地聚拢来了。

第四章

大起大落的汉朝

第一节

刘邦建立汉朝

公元前202年，刘邦统一全国，建立汉朝，成为汉朝开国皇帝，他就是汉高祖。西汉建立初期，人民流离失所，大片土地荒芜，为了恢复和发展社会生产，汉高祖采取了休养生息的政策。他下令"兵皆罢归家"，让士兵还乡务农，并将那些因战乱、饥荒而成为奴婢的人释放为平民，以增加农业劳动力。他还采取轻徭役、薄赋税政策，并鼓励生育。与此同时，为了巩固政权、稳定社会秩序，明确规定了罪刑体系和社会秩序，其中包括盗窃、伤人等罪行，以及相应的处罚方式。此外，还废除了秦律中很多残暴苛刻的法律，完整保留了一些有利于社会统治的法律，这便是汉朝的法律的由来。

博物馆小剧场　汉高祖的惠民政策

1 我哥哥回来啦！他之前被秦军抓去当兵打仗，多年未归。新皇帝下令"兵皆罢归家"，把他们都释放回家种地。隔壁家也传出哭泣声，原来是他家当奴婢的姐姐也回来了。

2 皇上还颁布了新政策，将田赋的比例从十税一降到了十五税一，减轻了我们的压力。而且皇上还鼓励我们结婚生育，只要生一个孩子就能免除两年的赋税和徭役。这是要大量增加人口呀！

3 我上街时，一个人偷走了我的钱袋，被我抓住了。按照皇上颁布的约法三章：第一，杀人要偿命。第二，致人受伤要问罪。第三，偷盗的要判罪。小偷要接受一定的惩罚。

4 以前秦朝的法律特别严苛，动不动就闹出人命。现在皇上让丞相萧何从秦朝法律中选取一些适用的条例，制定了《九章律》，里面包括盗律、贼律、囚律、捕律等九项，既让大家有法可依，又不会那么残酷。

　　汉高祖建立汉朝后，通过让士兵还乡务农、降低赋税、奖励生育等措施，使得农业生产迅速得以恢复。废除秦朝的严刑峻法，既是民心所向，又为汉朝的法律制定奠定了基础。汉高祖的一系列举措有力地推动和促进了西汉政权的建立和巩固，而《九章律》成为西汉以后古代中国法律制度的重要精神基础，在中国政治文明史和法治文明史上产生了重要的影响。

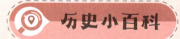

历史小百科

从草根到皇帝

　　汉高祖刘邦出生在一个普通农民家庭，在成长过程中，曾做过泗水亭长，官职虽小，却让他有机会认识社会各个阶层的人。在交往过程中积累了人脉资源，同时懂得宽厚待人，收取民心的重要性。这些经历为日后他一统天下，打下了坚实的基础。

刘邦颁布的"单身税"

　　西汉初期，为了快速增加人口数量，除了鼓励生育外，刘邦还颁布了"单身税"政策，内容是：男女达到婚配年龄必须结婚，允许男子多次娶妻，鼓励生孩子。若是女性超过15岁未出嫁，每年收取17两银子的"单身税"。此诏令一出，百姓都积极结婚生子，使得汉朝的人口数量逐年增高。

第二节

实施郡国并行制

文物档案

名　称：西汉素纱襌（dān）衣

出土地：湖南省长沙市马王堆一号汉墓

特　点：上下衣裳相连的深衣，袖口较宽。常为夏季服装或里衣。

收　藏：湖南博物院

　　汉高祖刘邦在位期间，通过一系列政策和制度最大程度地维护了大一统中央集权体制。同时，庶民皇帝、布衣将相的格局区别于六国贵族，奠定了汉承秦制的基础。刘邦作为一个从底层爬上来的皇帝，在治理国家的一些方法上，心有余而力不足。他深知，汉朝初期国家存在着诸多的历史难题，其中最重要的就是国家制度。目前天下初步稳定，刘邦不忍心继续看人民再承受战乱之苦，便希望建立一个统一稳定的政权。于是，刘邦决定在地方上实行"郡国并行制"，一方面继承秦朝的郡县制，由中央直接委任官员对各个地区进行管理，另一方面分封同姓和异姓子弟为王，建立诸侯国。西汉初年的社会就此进入发展阶段。

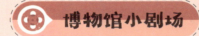

博物馆小剧场　　毫无经验的帝王

1 不怕大家笑话，我家境不好，没读过几天书，那些辅佐我的大臣也不是什么达官显贵。比如丞相萧何和曹参，以前就是县里面的小官，因为没钱只能穿布衣。就叫他们布衣将相吧！

2 像我们这些草根出身的人，根本没经验治理一个大的王朝。那秦朝做什么，我也跟着做什么吧！我本来打算实行中央集权，但我已经封韩信、英布这些替我打仗的"异姓"当王，反悔有失皇帝的威严啊。

3 可如果不及时停止，他们最后肯定会威胁到我的地位。那就部分地区实行分封制，部分地区实行郡县制吧。等时机到了，我再神不知鬼不觉地将那些和我没血缘关系的"异姓王"除掉。

4 这下好了！我陆续把自己的儿子和侄子分封为王，共封了楚、齐、梁、赵、燕、代、吴、淮南、淮阴等 9 国呢。各个诸侯国都是我的亲人，不用担心谁会造反啦，非常安心！

刘邦实行郡国并行，一方面是为了笼络人心，另一方面是初定天下，面对开国功臣时，除去感激之情，也不得不防备。"异姓王"如韩信、英布等，在封立后数年中相继被铲除。与此同时，刘邦大封自己的子弟为王，叫作"同姓王"，这些同姓王拥有很大的权力，包括军权、财权、治权等，从而形成了郡国并行的局面。这种制度在一定程度上巩固了汉朝的统治，但也为后来的政治动荡埋下了隐患。

历史小百科

布衣指的是谁？

"布衣"指的是汉朝的平民百姓。因为布衣是用麻织品，或者是棉织品做成的粗布衣服，这种衣服价格相对低廉，生产的量也很大，普通百姓能够买得起，也成为普通百姓常穿的服饰。渐渐地，"布衣"就演变成百姓的代称啦。

什么是禅衣？

禅衣是古时候不挂衬里的衣物。秦汉时期，单色的禅衣在贵族中非常流行。由于它轻薄透亮，会被一些人穿在锦袍外作为罩衣，锦袍华丽的色彩若隐若现，显得含蓄、优雅。马王堆一号汉墓的主人据推测是辛追夫人。墓中出土的素纱禅衣仅有 49 克重，由精缫（蚕茧高温浸泡中抽丝）的蚕丝织造，采用上衣下衫连缀的样式。据领口与袖口的样式，专家推测这件衣服有可能是辛追出嫁时的礼服。

第三节

汉朝的礼仪制度

文物档案

名　称：西汉龙纹玉璧
出土地：广东省广州市南越王赵墓
特　点：呈深绿色，有白斑，是西汉时期极为重要的丧葬和礼仪品。
收　藏：中国国家博物馆

　　刘邦本是布衣出身，非常痛恨秦朝留下来的苛政繁仪。他称帝后，立即下令将秦朝制定的繁文缛（rù）礼、苛刻法令全部废除，并提倡国家礼仪一切从简。不料这一举动，反而生出来许多弊端。刘邦不重视礼仪的行为，使得他属下的武官言行举止十分粗鄙。这些武官经常在宴会上争功，醉酒后大喊大叫，有的甚至拔刀相向。刘邦担心这样下去会对刚建立的国家不利，便与叔孙通商议对策。刘邦的唯一要求，是礼仪要能让人一眼就看明白，不能太过麻烦。叔孙通奉命召集了 30 个儒生以及有学问的大臣，反反复复地练习了一个多月，最终由刘邦定下当朝礼仪昭告天下，并让大臣们勤加练习，准备岁首当天朝拜时验收成果。

博物馆小剧场　叔孙通的智慧

1 今天宴会上，武将都喝醉了，谈起过去打仗来了精神，一会儿拔剑起舞，一会儿摔碎酒杯大吵大闹！我察觉到皇上的不耐烦，可又不知道怎么约束。我有必要替皇上分忧啊！

2 我告诉皇上，国家不是还有那群儒生吗？他们不能上战场上打仗，但很有智慧，懂得的规矩也多，可以找他们商定礼仪相关事项。可皇上自己也很讨厌复杂又烦琐的礼仪。嗯，那就制定些简单易学的。

3 我和儒生们一起制定礼仪后，便让他们带头练习。可没多久，儒生们都说这样整天练习，身体吃不消。我想出用稻草人按尊卑顺序成排站立的好办法。皇上很满意，立刻下令让大臣们以最快速度练习。

4 新年第一天，皇上验收成果了！过来朝拜的人无一不规规矩矩行礼。在仪式过程中，大家要喝酒。当喝过9杯之后，刘邦就下令收杯，所有人立刻放下杯子。第一次感受到天子之威的皇上，脸都要笑开花了。

正所谓，"无规矩不足以成方圆"，朝仪的制定可以强化上朝的仪式感，通过这种方式，营造出来庄严肃穆的气氛，能让朝臣明白什么该做，什么不该做。刘邦时期制定和规范朝仪，在礼制史上占据极其重要的地位，既彰显了皇权的神圣和权威，也成为后世历朝历代效仿的典范。

历史小百科

汉朝文人是如何打招呼的？

汉朝时期，文人之间见面时，弓腰成45度，与此同时，两手交叠（通常左手在上，右手在下）从额头位置下移至胸口，这个礼仪形式叫作作揖。一般平辈文人之间，可以称呼对方的"字"，比如曹操，字孟德，那么别人就可以直呼"孟德"。文人自称通常比较谦虚，主要有"鄙人"等。

太上皇的由来

汉高祖刘邦，每隔一段时间便去拜见一下自己的父亲，像平常人之间父子那般。可父亲觉得皇帝来见自己，要恭恭敬敬在门口迎接，便和大臣一样跪拜行礼。刘邦对此很吃惊，立即封父亲为"太上皇"。这样一来，"太上皇"便不用对自己的皇帝儿子行礼了。

第四节

汉文帝的清明统治：
重农抑商

文物档案

名 称：西汉铁五齿耙

出土地：福建省崇安县汉城遗址

特 点：两汉时期常用的铁耙，分为五爪，金属器物，重要农具之一。

收 藏：中国国家博物馆

公元前 195 年，汉高祖刘邦去世，代王刘恒即位，就是汉文帝。他登基后第一件事就是希望有一番作为，以稳固皇位，避免被架空。所谓得民心者得天下，汉文帝深知要想国家强盛、赢得民心，首先要让人民得到充分的休息和发展。因此，他继续推行"休养生息"政策。汉文帝两次在全国范围内推行"除田之租税半"，即租税改为三十税一，是之前的一半；下令开放原来归属国家的山林川泽，准许私人开采矿产，利用和开发渔盐资源；下诏命列侯到自己的封国去生活，以减轻吏卒供给输送的劳苦；减少大型工程的建设，重新制定了徭役制度；通过出售爵位的方式，募集边防军粮，确保边界的安全。

博物馆小剧场　汉文帝的休息生息政策

1 京城的迎驾使者说要带我回长安。原来是吕后去世没有立新皇，朝中大臣们要拥护我当皇帝。可是我 8 岁就来到遥远的代地，连他们的面都没见过几次，他们这么做有什么阴谋呢？

2 为国家的经济复苏创造一个和谐的环境。从我即位起，我就宣布把全国的田税减了一半，减轻农民的负担。如果遇到灾年，我不仅派人去赈灾，还彻底免除田税。农民对我的政策十分满意，干劲十足！

3 除了赋税压力，农民以往的徭役压力也不小。针对这一问题，我减少了大型工程的修建，并宣布成年男子，每3年只为国家服役一次，其余时间都能安心在家种田。

4 虽然现在不打仗了，但边关作为重要的防线，必须保障足够的粮食供应。为了解决粮食匮乏的问题，我宣布缴纳钱粮，犯罪的人可减轻罪刑，普通人可以获得爵位。这一招，果然有效，国库都充实了不少！

　　汉文帝的一系列举措，降低田税，既让百姓获得了实惠，有了干劲，又推动了国家经济的快速发展。而减轻徭役的做法，也是在鼓励百姓回归到农业生产上去，保证了农业生产有足够的人力可用。汉文帝的卖爵不同于后期腐败的"卖官鬻爵"，他卖的都是没有实际权力的闲职或爵位，既解决了边关粮食紧缺的问题，也充实了国库，为汉朝的经济发展奠定了基础。

历史小百科

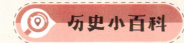
汉代耕犁

孝顺的汉文帝

　　汉文帝刘恒不仅为人谦和，还非常的孝顺。即便当上了皇帝，对他的母亲从来也不敢怠慢。他的母亲曾经病了3年，卧床不起。刘恒便日夜守护在床前，亲自照顾母亲。每次煎药，汉文帝总会自己先尝一尝，看看汤药苦不苦，烫不烫，觉得差不多了，才给母亲喝。汉文帝孝顺母亲的事，在朝野内外广为流传，人们都称赞他是一个仁孝之子。

汉代的农具

　　汉代劳动者在前代劳动者发明的农具的基础上，做了一系列的改进和创新，铁耙、镰刀、耧车等工具比较普及。他们的主要耕地工具是犁。一个犁通常包括犁辕、犁梢、犁床、犁铧、犁箭等几个部分。劳作时，由牲畜，主要是牛在前面拉着犁，人在后面扶着犁耕作。在长期的劳作过程中，劳动者又根据实际需求，给耕犁上安装了翻土碎土的犁壁。这样一来，就大大提高了耕地的效率。

第四节

汉文帝的清明统治：
以德化民

文物档案

名 称：西汉方格纹双系陶瓮

出土地：陕西省蒲城县仙阳镇仙阳村

特 点：敛口沿外折，圆鼓腹，平底。
是储藏器或水器。

收 藏：浦城县博物馆

汉文帝重视"以德化民"，他废除了肉刑和诽谤妖言罪等严刑苛法，改为平狱缓刑的政策，比如应判处髡（kūn）刑（剃光头发）的，男人改罚修城墙，女人改罚舂（chōng）米；原来刑罚应砍断手脚的，改成鞭打300下；服刑到一定年限，就可免罪。此外，汉文帝还放宽徒刑的期限，降低了服劳役的强度，犯人刑满后释放为平民。

在日常生活中，汉文帝厉行节俭，并提出支持节俭、反对铺张的口号。汉文帝更是以身作则，在朝堂上只穿布麻衣的衣裳和草鞋，一件"绨衣"缝缝补补穿了好多年。身为皇帝，他在位20多年，从未增修宫室和园林。

博物馆小剧场　汉文帝的德政

1 前几天，我收到来自一位民间的小姑娘的信笺，说她父亲正在遭受肉刑的无尽痛苦。我意识到秦代的肉刑已经不利于社会的发展，于是颁布平狱缓刑的政策，犯了小错打打屁股就好了。

2 最近上朝的时候，大臣们都盯着我的布麻衣服和草鞋看。他们一定觉得，堂堂一国之君，怎么能穿贫民才穿的衣服？但我就是想告诉他们，国家的钱来之不易，总有花光的一天。我要带领大家养成节俭的好习惯。

3 批奏折累的时候，我喜欢眺望一下远处。我发现我的宫殿外面需要一个露台，于是命人喊来工匠，让他算算建造一个露台要花多少钱。工匠说要100斤金子！这也太贵了吧？不修了！

4 我觉得人活着，不能铺张浪费，人死之后，更没必要弄得那么复杂。所以我打算等我百年以后，让人顺着山陵形势挖掘洞穴，陪葬品全用陶器就行了，不准用金银等贵重金属！

　　汉文帝并不介意别人叫他"吝啬皇帝"。他认为吝啬证明他是一个懂得克制自己的人。除了节省，汉文帝对百姓们的生活也特别关心，每年春天还会与皇后、宫女们，到百姓家里面去感受种田耕地的生活。汉朝在汉文帝的整治下，政治和经济方面都迅速取得了修复和发展，后世也有人时常效仿他勤俭节约的个人行为，将勤俭节约当成一种风格。

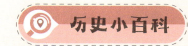

历史小百科

汉文帝寻仙问道

　　汉文帝每日必读《道德经》。他听说，一位叫河上公的道士通晓《道德经》，且有神仙之能，便派遣人前往陕县（今河南三门峡陕州）拜见。河上公却说："修道是件至高无上的事情，必须让皇上亲自来，方能显示诚意。"汉文帝听闻后立即亲自登门拜访。河上公取出两部经书，说能解心中各种疑惑。汉文帝急忙跪地接书，再抬眼，河上公竟消失不见了。

汉文帝的龙袍

　　汉文帝刘恒的龙袍，并不是常规的龙袍，而是一种色彩暗淡、质地粗糙、价格低廉的丝绸制成的，叫绨衣。据说，汉文帝平时上朝时总是穿着它，甚至在"绨衣"磨破了之后，让皇后动手给他修补一下，然后继续穿。

第五节

西汉时期的崇儒文化

在汉文帝登基之前，儒家思想从未得到国家统治者的信任与重视，还遭到了黄老、法家等思想的排挤。而汉文帝十分重视儒学。首先，他对儒生和儒学给予了特殊的照顾。汉文帝深知，儒家经典"六经"中包含诸多统治经验，所以他十分重视对儒家经典书籍的搜寻、整理、研究和推广。当汉文帝得知90多岁的济南伏生，在齐鲁一代因传授儒家经典《尚书》而备受推崇，便想邀请他前来。不过，汉文帝考虑到伏生行动不便，不能来京城为自己授课，便派太常掌故晁（cháo）错前往伏生家学习《尚书》，再传授给自己。此外，汉文帝还设立了博士官充当他的儒学顾问，进一步促进了汉朝儒家文化的发展。

◉ 博物馆小剧场　勤奋好学的汉文帝

1 数不清这是第几次会议了。我告诉大臣们，想学习一种既能代表我的权威，又不像法家那样严苛霸道的思想。他们怎么就不明白呢？我要学的是之前大家都不重视的儒家文化呀！

2 儒学里有许多我能学习的统治经验，于是我下令在全国范围搜寻儒家经典，还命令大臣们和我一起没日没夜地研究儒学。总之，我要把儒学思想的精髓整理出来，再推向全国。

3 我听说，齐鲁有一位传授儒家经典《尚书》的伏生，我第一反应是把他请到京城教学。可一打听他今年90多岁了，我不忍他舟车劳顿，就让太常掌故晁错前去学习，然后回京传授于我。

4 晁错学成归来后，我越发喜欢儒学文化。我要给知识渊博的儒生封官，专门为他们设立了博士官一职，充当我的学习顾问。这样一来，我就可以随时与他们交流儒学思想了。真的是一举两得呀！

　　汉文帝为了宣扬儒学思想，真是花费了不少心思。汉朝的博士官虽然级别低，但平时与皇帝交流多，给了儒家文化和儒生足够的发挥空间。儒家思想在汉文帝的治国方略中，也占有重要的地位，从而造就了汉文帝一朝功效显著的文治，并为后来汉武帝时期的"独尊儒术"打下了坚实的基础！

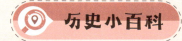

历史小百科

凿壁偷光

　　汉文帝时期，有个孩子叫匡衡。他很喜欢读书，因为家里穷买不起书，只好借书来读。晚上，他家里没有点灯的油。刚巧邻居家的灯光从墙缝里透了过来，他就用小刀把墙缝挖得大了一些，凑着透进来的灯光读书。正是因为他如此勤奋好学，长大后成了一个很有学问的人。后来，就用"凿壁偷光"来形容家贫而读书刻苦的人。

神秘的江村大墓

　　汉文帝是位节俭的皇帝，《汉书》记载，汉文帝临终遗诏，要求薄葬，不建封土，这使得他的霸陵一直未被发现。2002年在西安市郊江村发生的一起盗墓案，使得江村大墓暴露在世人面前。从江村大墓中，共挖掘出3000余件文物，没有封土山包，该墓距离窦皇后的墓葬仅800米。更重要的是，在外藏坑挖掘出刻有"山官""中司空印"等字样的铜印，这是西汉中央官署机构的名称。综合这些证据，江村大墓被认定为汉文帝霸陵。

第六节

文景之治（一）

汉文帝在位期间，西汉的社会生产力水平达到了前所未有的高度。汉文帝非常重视工商业的发展，放开了国家对山林川泽的限制，允许百姓开采、买卖；宣布废除过关用传制度，让商品在市场上的流通更加便利。随着商业的发展，国家的工商杂税收入大幅提升，增强了国家的财政实力。此外，汉文帝鼓励农业生产，扶助百姓，这一举措使很多流离在外的人，都回到了家乡耕地。等到粮食的产量逐年递增，汉文帝又推出了"贵粟"的政策，即由政府收购百姓手中多余的粮食，存到国有粮库，然后颁布奖励政策稳定粮价，使得全国上下的粮食问题得到了解决。

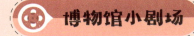

博物馆小剧场　**幸福的汉代百姓生活**

1 当今皇上真是个为民着想的好皇帝！他下诏"弛山泽之禁"，主动开放了国家的山林川泽，让我们农民在耕地之余，还能开采矿产，开发渔盐资源。这么一来，我就有两份收入啦！

2 以前，我们去边地要塞，都要先办理通过关卡的符信"传"，流程很麻烦，所以大家都懒得去那边做生意。如今皇上取消了这个过关用传制度，这样一来，无论去哪里做生意，都方便多了！

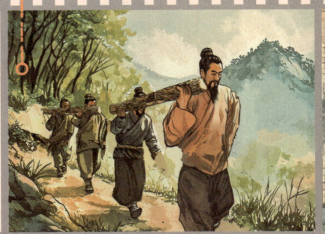

3 过关方便了，不仅我们可以主动出去卖东西，也有很多商人远道而来购买我们的东西。我们种地的时候干劲儿更足了。而且皇上还下令借贷种子、口粮给贫民。

4 那个人不是犯了错被衙役押走了吗，怎么回家了？原来是皇上颁布了"贵粟"政策，让我们把粮食当钱花，犯了小错可以用粮食赎罪呢。我原本还担心粮食过剩，粮价就下跌了，看来想多了！

汉文帝刘恒在位期间，在政治、经济、文化和对外交往等方面的治国方略，为后世提供了宝贵的经验。汉文帝反复强调农民要重视农业生产，为了改善农民生活，经常给予贫民帮助和赏赐。除此之外，汉文帝与周边国家的友好交往，为汉朝的疆域拓展和民族融合铺平了道路。总而言之，汉文帝的治国方略可谓是后世治国理政的典范。

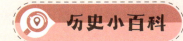

历史小百科

西汉人的幸福指数

在汉阳陵出土的数以万计的宝物中，各种造型的陶俑堪称一绝。作为镇馆之宝，微笑俑是其中最有特色的。它最大的特点是面带笑容，可见身处"文景之治"的百姓，富足、安乐，尽管穿越了千年时光，依旧以真挚的笑容面对大家。

军细柳的故事

有一次，汉文帝刘恒来到细柳军营慰问。由于没有提前接到皇帝到来的通知，军营守卫拒绝皇帝一行进入。汉文帝只好派人通知军营负责人周亚夫，才得以进入军营。周亚夫严格遵守军营纪律，穿着甲胄，以军礼相见。汉文帝的随行人员都觉得周亚夫太傲慢，而汉文帝不仅不生气，还对他的治军严谨表示赞赏。

第六节

文景之治（二）

文物档案

名　称：西汉"钳""钛"
出土地：陕西省咸阳市正阳镇的汉景帝阳陵
特　点："钳"是套在脖子上的刑具，
　　　　"钛"是脚镣，可套在脚踝上。
收　藏：汉景帝阳陵博物院

汉文帝去世后，他的儿子刘启继位，称为汉景帝。汉景帝继承了父亲在位期间所实行的所有政策，继续推行温和的治国理念。面对匈奴的频繁侵扰，汉景帝一面与匈奴和亲为主，一面将北方的防线布置得滴水不漏。另外，汉景帝还对匈奴进行经济封锁，以及文化渗透，让匈奴人完全信服于汉朝，从而在对匈奴关系上处于主动的一方。公元前155年，御史大夫晁错上疏《削藩策》，提议削弱诸侯王势力、加强中央集权。汉景帝采用晁错的建议，下诏削夺吴、楚等诸侯王的封地。在汉景帝的统治下，汉朝的国力变得愈发强盛，社会发展也更加繁荣。历史上把文帝和景帝时期达到的盛世景象称为"文景之治"。

博物馆小剧场　汉景帝加强中央集权

1 匈奴实在太讨厌了，动不动就侵扰一下我国，可我们现在的经济实力还不够，我只能继续对匈奴采取和亲的政策。同时在我国与匈奴的边界设立关市，和匈奴贸易。先稳住他们再说。

2 有句俗话叫作擒贼先擒王，要想征服一个部落，就要得到部落首领的信任。我派人给匈奴首领送去了很多稀罕物，让他意识到共赢才是最好的结局。他果真相信了我的话，直接将最宠爱的儿子送到汉朝来当人质。

3 父皇在世的时候，藩镇的问题就很严重，所以他想方设法把最强大的齐国和淮南国给肢解了。晁错建议我，要继续削藩。不过得找诸侯国的碴儿，再一点点收回他们的土地和权力。

4 短短两年，我先是以赵王犯罪之名，收了赵国一个郡。又以楚王在国丧期间搞事情为由，收了楚国的东海郡。前几天胶西王违规买官，我一口气收了胶西王手里的6个县……哈，一切都出乎意料的顺利。

　　汉景帝对匈奴实行的政策，在一定时期内维持了边疆的稳定。在削藩问题上，汉景帝取得了显著的成果，但也为后来的七国之乱埋下了隐患。整体来说，文景之治的出现，扭转了秦汉以来因为长期战争国家经济实力衰弱的局势，为后来汉武帝时期的军事扩张提供了必要的保障。文景之治被视为中国进入大一统王朝时期后的第一个治世。

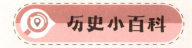

历史小百科

铁钳和铁钛

　　在汉代，铁钳和铁钛是组合刑具。带一条长长"铁翘"的项圈，叫作"钳"，两个较小呈圆环状的，叫作"钛"。铁钳是套在犯人的脖子上的，而铁钛则套在犯人的脚踝上，两者组合使用，可以达到控制和惩戒罪犯的目的。

"智囊"晁错

　　晁错是刘启当太子时候的老师。在出仕之前，晁错专门学习和研究申不害与商鞅的学说。小有所成后，晁错正式进入仕途。晁错在兢兢业业地教导刘启的同时，也非常关心国家的前途和命运，提出了不少可行建议。刘启亲切地叫他"智囊"。

第七节

七国之乱

文物档案

名　　称： 西汉车骑将军龟钮金印

出土地： 陕西省咸阳市渭城区正阳镇

特　　点： 金质，上面的钮为龟形，有头无尾，无四肢。金印底部刻着"车骑将军"四个字。

收　　藏： 汉景帝阳陵博物院

吴王刘濞（bì）是汉高祖刘邦的侄子。当年，刘濞的儿子在与还是太子的刘启下棋时，因激怒刘启，被刘启失手用棋盘打死。鉴于刘启的太子身份，刘濞无可奈何，但心中藏下了这份仇恨。随着吴国经济和军事实力的增强，刘濞产生了当自己当皇帝的念头。正好大夫晁错建议汉景帝实施削藩政策，很多诸侯王的封地被收回，诸侯王们个个心怀不满。而这对于刘濞来说，正是最佳时机。

公元前154年，在吴王刘濞的挑唆下，6个刘姓宗室诸侯在刘濞的带领下，打着"清君侧、诛晁错"的旗号，发动了七国之乱。这场叛乱虽然起初声势浩大，但在短短3个月内，就被周亚夫等人率领的军队平定。最终，刘濞被杀，七国之乱以失败告终。

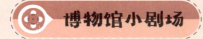

博物馆小剧场　**心怀怨愤的刘濞**

1 我和皇室的积怨已久。在刘启还是太子的时候，我儿子只不过表现得有点轻狂，竟然被他打死了。要不是他是太子，我早就报仇了。但那个时候，我只能把这个仇记在心里。

2 听闻当今皇上采用了晁错的建议，对赵国、楚国下手了。这不是明摆着剥夺诸侯王的权力吗？诸侯王能乖乖听话吗？哈哈，机会来了，我可以借机鼓动大家一起叛乱！就以"清君侧"的名义！

3 听说皇上杀掉了晁错，以平息众怒。几个诸侯王听见罪魁祸首死了，就打算休战。但我的目的可不止于此。我告诫他们：皇上都知道我们有反叛之心，怎么可能真的既往不咎？只能反叛到底了！

4 我们并不打算退兵的消息很快传到了皇上耳朵里。皇上当即让周亚夫带领 36 个将军领兵对付我的吴国和楚国，又派曲周侯郦寄攻打赵国，派栾布攻打齐国，派窦婴屯兵荥阳，杀了我们一个措手不及。

　　"七国之乱"后，汉景帝一怒之下，收回了各诸侯国的支郡、边郡，加强了中央集权。诸侯王的官员任免权全部被剥夺，赋税征收也由朝廷委派的官员执行，彻底斩断了诸侯国的经济动脉。此后，汉朝的中央政府对诸侯王管理得越来越严格，诸侯王逐渐失去了反叛的可能。

历史小百科

"车骑将军"是什么职位？

　　西汉时期，车骑将军是重要的武官之一，执掌四夷屯警、京师兵卫、征伐背叛、出使宣诏、荐举官吏，以及重要的迎来送往礼仪性活动等。车骑将军因为职权范围很大，因此主要由功臣和皇上的亲信担任，这在一定程度上反映了西汉后期皇权旁落外戚的趋势。

刘启杀吴国太子不犯法吗？

　　汉景帝刘启在年少时，因为下棋与吴国世子刘贤发生争执。刘启身份尊贵，看不惯刘贤轻佻、争强好胜的行为，最终失去理智，用棋盘将刘贤砸死。吴王刘濞虽然愤怒，但碍于刘启太子的身份只能息事宁人。而刘启在失手杀人后，并没有受到汉文帝的责罚，因为汉朝适用法律的标准是"刑不上大夫"，也就是说，即使太子犯法了，也不与庶民同罪。

第八节

汉武帝对政治制度的改革（一）

公元前 140 年，汉景帝驾崩，刘彻继位，就是汉武帝，年号"建元"。"建元"是中国历史上第一个皇帝年号。此时的汉朝，表面繁荣的背后却潜伏着一系列尖锐的矛盾。针对当时的社会问题，汉武帝决定从人才入手，下诏全国荐举"贤良方正"之士。经过推荐和策问考试，大儒董仲舒名列榜首。董仲舒给汉武帝提出了颇有见地的治国安邦之策，叫作《举贤良对策》。之后，汉武帝着手进行政治改革，施行了一些减轻百姓负担的举措，如专门派人修订、完善了秦汉以来的税法，让税收制度更加严谨；废除关卡的税收制度；停止喂养苑马，将苑地赐给贫民耕种；减省"转置迎送"的卫士一万人。这一系列政策深得民心，使社会更加安定、和谐。

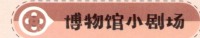

博物馆小剧场　汉武帝的文韬武略

1 我当皇帝啦！在我之前的帝王都是直接用干支来纪年，我决定采用年号制度，来标记自己的统治时间。第一个年号就叫"建元"吧，象征着我统治的开始，有"创建新纪元"的意思。

2 国家现在表面上繁荣昌盛，但我知道还存在很多问题。要解决这些问题，首先就需要人才的辅助，所以我通过荐举和考试筛选人才。大儒董仲舒就是这么选拔出来的，他所写的《举贤良对策》，甚合我意！

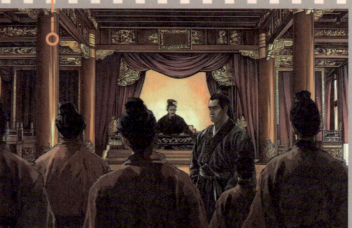

3 国家的税收主要按照固定的土地和户籍来征收，但是我发现，由于商人和货物的流动性，导致征收难度很大。所以，我命人完善了税法，对特定行业加重税收，这样就能实现税收目标啦！

4 国家的府库充实了，也要考虑减轻百姓的负担了。我下令减去"转置迎送"的卫士一万人，短期内不再增收新人。虽然我很喜欢马，但还是把养马的苑地赐给贫民用来耕种。作为帝王，不能只顾着自己的喜好。

　　汉武帝时期实行的荐举和考试制度，使真正优秀的人才得以脱颖而出，为国家效力。缺点是，选才的权力集中在皇帝、中央和地方高官手里，到后期任人唯亲等现象严重。此外，汉武帝的税收政策为经济繁荣和国家的财政收入提供了有力的支持，同时提高了税收的公平性和透明度。总而言之，汉朝在汉武帝的带领下盛世的局面得以进一步延续。

📍 历史小百科

思贤如渴的汉武帝

　　相传，汉武帝曾带着随从微服出访来到柏谷，客店掌柜见他们年纪轻轻，行动诡秘，以为是一伙盗贼，打算召集附近的老百姓袭击他们。这一计划被随从听到并禀告了汉武帝。大家都以为掌柜一定会受到惩罚。谁知，汉武帝不但没有降罪，反而称赞他疾恶如仇，有勇有谋，并当场拜他为羽林郎。

爱马如命的汉武帝

　　汉武帝特别想得到西域大宛的名马——汗血宝马。他派遣一支规模庞大的使团，携带许多厚礼和一座真马大小的金马，不远千里前往大宛，想要交换最好的汗血宝马。结果，大宛拒绝了汉武帝的交换要求。恼羞成怒的汉武帝还因此发动了一场征讨大宛的战争。

第八节

汉武帝对政治制度的改革（二）

汉武帝经过一番改革后发现，国家的政治局面依旧混乱，外戚专权的现象很严重。于是，汉武帝故意表现出疏于政事的样子，外戚们都觉得他是平庸的君主，放松了对他的控制。建元六年（前135年）五月，窦太后去世，汉武帝得以完全掌权。汉武帝暗中提拔亲信担任丞相，借机分散外戚掌握的权力。与此同时，汉武帝采纳主父偃提出的"推恩令"建议，规定诸侯王除了嫡长子可以继承王位外，还可以将封地分封给其子弟作为侯国，由皇帝确定封号，由此分解诸侯王的权力和土地。不久，汉武帝又以各种借口削爵、夺地，甚至除国，彻底平息诸侯王的叛乱之心。此外，汉武帝还建立了刺史制度，把全国划分为13州部，每个州部为一个监察区，设置刺史一人，负责监察所在州部的郡国。

博物馆小剧场　汉武帝的智慧

1 哼！以太皇太后为首的那些外戚，根本不把我这个皇帝放在眼里，可惜我的实力还不足以对抗。直到太皇太后去世，我才找机会任命自己的亲信做丞相，还清除了窦氏一族及其党羽。

2 主父偃建议我实行"推恩令"，就是让各诸侯王的子弟来分割诸侯王的权力和地盘。他的目的是通过一级一级的分封，削弱各诸侯王的力量，让诸侯王无力与朝廷抗衡。这主意太好了！

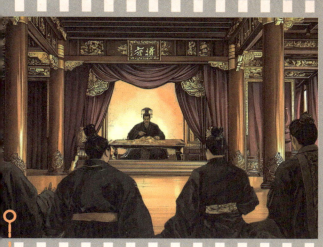

3 作为刘氏子孙的诸侯王，年年都要祭祀高祖，当然也要贡献祭品、酎金。我以诸侯王所献助祭的"酎金"成色不好或斤两不足为由，对诸侯王进行削爵处理。我一口气削减了 106 位列侯，国内的诸侯国消失了大半！

4 国家太大了，总有我顾及不到的角落。于是我建立了刺史制度，把全国划分为 13 个州部，每个州部派一位刺史，代表朝廷监视州部内的地方官吏、豪强，让他们根本不敢为非作歹。

　　汉武帝通过在朝廷设立一系列官职，如尚书、中书令、侍中、侍郎等，分解外戚的权力。同时，为了确保皇权不被动摇，汉武帝吸取文景时期削藩的经验教训，实行"推恩令"，不仅有效巩固了中央集权，也没有引发诸侯王的反叛。由此，汉武帝的治国之策被后世誉为千古第一阳谋，他也成为中国历史上唯一比肩秦始皇的帝王。

历史小百科

金屋藏娇

　　汉武帝刘彻自幼聪明，他曾用一句话，就争得了当太子的机会。刘彻的青梅竹马陈阿娇，是长公主的爱女。有一天，长公主问刘彻："若是将阿娇许配你为妻，你怎样待她？"刘彻说："做个金屋把阿娇藏起来！"在朝廷里，长公主很有权势，就是因为刘彻这一句话，她极力为刘彻谋得了太子之位，也让阿娇当上了太子妃。

勇于自我批评的皇帝

　　历史上，大多数皇帝犯了错，更倾向于掩盖自己的错误，以维护至高无上的权威。汉武帝刘彻则不然，他是第一个使用"罪己诏"，通过文书进行自我批评的皇帝。刘彻不仅坦承自己的错误，还积极采取措施改正。这份超然的态度实属罕见。

第九节

汉代的五铢钱

文物档案

名　称：西汉上林三官五铢钱

特　点：直径 25 毫米，钱币外圆内方，象征着天地乾坤，上有"五铢"二字。

收　藏：天水市博物馆

　　汉武帝在位期间，国家允许私人铸币，同时大部分盐铁经营权被私人掌控，因此，国家重要的经济命脉掌控在许多富商大贾手中。这些富商只顾自己享受，并不关心国家大事。汉武帝先后与匈奴对战几十次，需要大量的银子，曾因国库不充实向富商借贷。然而，一些富商因为担心朝廷无法获胜而拒绝借贷。与此同时，各地商人为了争取利益，拼命铸钱，导致通货膨胀严重，普通百姓不得不放弃耕地，靠卖身给富人家出力过活。为了加强国家对社会经济的控制，汉武帝下令统一铸造五铢钱；在全国各地设盐铁官，将煮盐、冶铁等经营权收归国有；在全国范围内统一调配物资，平抑物价。这些措施，使国家的财政状况有了很大改善。

博物馆小剧场　　只想"搞钱"的汉武帝

1 这群富商太让我失望了！我在外面和匈奴打仗资金紧张，让他们借点儿钱，竟然被拒绝了。看来，靠人不如靠己呀。我要把铸币和盐铁经营权全部收为国有，把经济大权牢牢握在自己手里！

2 从高祖时国家就允许私人铸币，结果时有分量不足或品质很差的钱币流入市场。最可恶的是，那些商人为了逐利，无节制地铸币，导致很多人破产。这回，我要禁止私人铸币，统一规格。对，就铸五铢钱。

3 盐、铁可是国家的命脉，以前经营权一直被个人掌控，结果这些商人不断实行行业垄断，导致盐铁价格暴涨。现在，我决定在各地设盐铁官，由他们负责保障盐铁的价格和供应。

4 我还在全国范围内统一调配物资。为了平抑物价，我通过官府大量采购物资，在相应的物资紧缺的地区抛售。这样一来，不仅能满足地区的物资需求，还有效地避免了价格的过度波动，我真是太聪明了！

　　汉武帝的货币改革，缔造了一枚在中国历史上流通最久的经典货币。五铢钱共流通了 700 多年，流通范围从东南沿海地区到新疆，从云、贵、四川到内蒙古、东北地区。这一现象反映了当时经济发展的繁荣程度，以及商业交流的频繁程度。五铢钱的成功普及，为汉代乃至后世的经济发展奠定了坚实的基础。

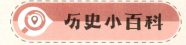

历史小百科

最奇葩的货币

　　西汉时期，在五铢钱问世之前，汉武帝曾制造过一种白鹿皮钱币。白鹿是他饲养的宠物，由于繁衍得很快，加上饲料费昂贵，所以汉武帝便想了一个既可以降低饲养费用、减少养殖占用大量的地方，又可以赚钱的办法：就是让人把一部分鹿杀掉，将鹿皮削好后切成小块，再画上彩绘，这就成了标价 40 万文的顶级钱——白鹿皮币。

为什么叫五铢钱？

　　在五铢钱之前，汉武帝还制造过三铢钱，但因为民间私铸很多，导致流通的钱币大小、轻重不一，很影响流通。公元前 118 年，汉武帝改铸重五铢的五铢钱。五铢钱的设计和制作充分体现了汉代的文化特色，五铢二字寓意着"五行相生"，象征着国家的繁荣昌盛。五铢钱历时长达 739 年，是我国历史上铸行数量最多、流通时间最长、最为成功的长寿钱。

第十节

罢黜百家，独尊儒术

西汉初期，汉武帝发现朝廷对地方的控制很弱，社会上风靡诸子百家的学说，许多士人四处游说，依附诸侯王，对抗朝廷，社会矛盾尖锐。

公元前124年，汉武帝听从董仲舒的建议，实行"罢黜百家，独尊儒术"的政策，实现了思想上的大一统。他在全国范围内推行儒学教育，用儒家思想来培养封建地主阶级的接班人。还曾多次下诏向全国求贤，并在中央设立太学，在地方设立官学，以儒家的《诗》《书》《礼》《易》《春秋》作为教材，用儒家思想来培训官员，教化百姓。同时大批儒生进入各级政权机构。从此，儒家学说在思想领域居于主导地位，研读儒学的风气日益兴盛起来。

博物馆小剧场　董仲舒的智慧

1 最近我发现皇上总是愁眉不展，邀请很多学派的人士没日没夜探讨。原来是各地诸侯王势力强大，思想上各持己见。这些学派还依附诸侯王到处游说，互相攻击，导致社会矛盾激化。

2 我告诉皇上，我将道家、法家、阴阳五行家等其他学派的思想与儒学杂糅成了全新的儒家思想。新儒家思想非常符合皇上加强中央集权的意愿。我还建议皇上废除其他学派，只尊崇儒家学说。皇上被我说服了！

3 确定了思想方向，接下来就是培养相应的人才了。我向皇上建议，兴办太学，用儒家的《诗》《书》《礼》《易》《春秋》作为教材，培养大批儒学人才，为国家所用。

4 为了提高大家学习儒学的积极性，我提出让教育与做官相结合。由太学选拔 18 岁以上的优秀青年做博士弟子，或者由郡国挑选青年送到太学学习一年，考试合格后就能出任文学掌故。是不是很有诱惑力？

你知道汉武帝为何选择"罢黜百家，独尊儒术"的治国思想吗？因为儒家的仁义礼智信和君臣伦理观念，非常适合汉朝当时的形势。只有思想统一了，国家才能长久地统一。因此，儒家思想被确立为专制王朝的正统思想后，延续了 2000 多年。不过，独尊儒家思想也禁锢了人们的头脑，在一定程度上阻碍了文化的创新和发展。

历史小百科

海昏侯国遗址

董仲舒目不窥园

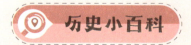

西汉大儒董仲舒为了一心钻研经典书籍，干脆住在书房里。家人心疼他，希望他能在百忙中愉悦下心情，便在书房外面修了一座花园。谁知道，董仲舒看书看得十分入迷，3 年都不曾抬头往外面看过。直到 3 年后的某一天，他才猛然发现自家花园的风光。从此，目不窥园用来形容那些埋头钻研、不为外事分心的人。

海昏侯短暂的皇帝生涯

公元前 74 年，没有子嗣的汉昭帝驾崩，其堂弟昌邑侯刘贺被拥护继位。刘贺是个不学无术之人，赴京路上竟强抢民女。到京后，他见到昭帝灵柩不但不哭，守灵时还与宫人打闹，分食贡品，在灵堂里奏乐、舞蹈。群臣认为他实在不成体统，在他继位 27 天后就联合太后把他废黜了。继任者汉宣帝把刘贺封到江西海昏县，刘贺因此成了海昏侯。

第十一节

开通丝绸之路

文物档案

名　称：西汉鎏金铜蚕
出土地：陕西省西安市石泉县前池河河道
特　点：造型轮廓像蚕吃桑叶的形态，头部昂起，身体曲线自然，属装饰品。
收　藏：陕西历史博物馆

　　汉武帝时期，匈奴多次袭击汉朝边境。大月氏人被匈奴逼迫得不断向西迁移。公元前138年，张骞奉命出使西域。他率领随从从长安出发，途中被匈奴人抓住。在被扣留13年后，张骞寻机逃脱，最终到达大月氏。大月氏西迁已久，当前安居乐业，不愿意与匈奴打仗。张骞只好返回长安，并把在西域各部的见闻告诉了汉武帝。公元前119年，张骞再次出使西域，这次他带着大批牛羊和金银财宝来到西域的乌孙，还派副使带着礼物分别出使大宛等地。西域各部族很高兴，纷纷派了使者前往长安答谢。西域的香料、宝石陆续传入中原，中原大量精美的丝织品传入西域，"丝绸之路"就此开通。公元前60年，汉宣帝在乌垒城设置西域都护府，正式在西域设官，管理西域的军政。

博物馆小剧场　　连接世界文明的丝绸之路

1 匈奴人太可恶了，整天不是打这个就是打那个的。我们大月氏人被逼得只能远离自己的家园。最近听说大汉皇帝要派人来西域了，也不知道能不能改变现在的状况，让我们过上好日子！

2 有一天，首领接待了一个叫张骞的人，说是汉朝使者，好不容易从匈奴人手里跑出来。他希望首领能派兵和他一起攻打匈奴。可首领拒绝了。是呀，我们好不容易安定下来，真的不想打仗了。

3 几年后，张骞又来西域了，这次他带来了好多金银财宝。我们首领眼睛都瞪大了，可见张骞把他哄得很高兴。首领立即派使者们带着回礼，跟着张骞回长安亲自感谢大汉皇帝！

4 朝廷在西域和中原之间开辟了一条丝绸之路。我们的香料、宝石可以卖到中原了，而中原的东西也会卖到我们这里。朝廷还在我们这里设立都护府，专门管理西域。西域的未来一片光明呀！

　　丝绸之路的开辟，加强了西域与中原的经济、政治与文化的联系，不仅丰富了两地人民的生活，促进了双方的经济繁荣，更是适应了中国统一的多民族国家进一步形成和巩固的需要。丝绸之路功在当代，利在千秋，为中国后世王朝开创了先例。现如今中国提出的"一带一路"倡议，就是以古代的丝绸之路为基础，将沿线各国连接起来，形成贸易共荣圈。

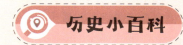
历史小百科

张骞遇见牛郎织女

　　传说，汉武帝派张骞出使西域时，听说黄河的源头是天河，便乘着木筏逆流而上。张骞走了一月有余，见岸上有一府城，遥望室内有一女子正在织布，又见一男子在河边牵着牛。张骞问："这是何地？"牵牛人说："你去四川问问严君平吧。"张骞临走时，女子送他两颗宝石。张骞回到汉朝后，找到占卦师严君平。严君平说张骞见到的正是牛郎织女，两颗宝石是织女的支机石。（这则出自《岁时荆楚记》的故事显然是虚构的，张骞与严君平并非同时代人。）

石榴进入中国

　　张骞出使西域时，从安石国（今伊朗一带，古多译安息国）带回来了石榴，在当时被叫作"安石榴"。安石榴初来中国，就因为品相奇异，直接落户到了皇家园林，成为珍稀水果。汉武帝时，上林苑里种有10株安石榴。经过汉武帝的推广，安石榴在长安迅速走红，很多贵族和富豪都开始想方设法种安石榴。

第十二节

西汉的灭亡与新朝建立

　　汉武帝之后的大多数皇帝荒淫昏庸，宠信外戚，使得外戚专权问题日益严重。8年，外戚王莽逼迫刘婴禅位，自立为帝，建立新朝。至此，西汉灭亡。面对西汉遗留的问题，王莽希望通过一场酝酿已久的改革，彻底医治千疮百孔的社会。他进行了土地制度改革，废除了土地私有制，正式颁布"王田制"，将全国土地收归国有，由朝廷统一分配；推行了五均六筦政策，在首都长安及洛阳、邯郸、临淄、宛、成都等五大城市设立五均官，管理市场的物价，收取工商业税；为了控制和调节市场，由官府专营盐、铁、酒的生产和销售。此外，王莽还多次进行币制改革，发行过错刀、契刀、大钱及后来的宝货、货布、国宝金匮直万等钱币，由于币制多变，比价不合理，加剧了经济秩序的混乱。

博物馆小剧场　朝令夕改的改制

1 我为了登上皇位，足足等了8年。虽然刘箕子和刘婴在位的时候，我跟皇帝无异，但假皇帝哪有真皇帝好？我的朝代意味着全新的开始，所以国号就叫"新"，年号"始建国"，而我就是"新始祖"！

2 国家现在问题很多，我必须通过改革整顿一番。当下土地兼并的现象越来越严重，富人们的田地越来越多，这怎么行？我宣布废除土地私有制，将天下的田产全都收归国有，然后重新分配！

3 为了平抑物价，我推行了五均六筦政策，在首都长安及洛阳、邯郸、临淄、宛、成都五大城市设立五均官，负责收取工商业税。还由官府专营盐、铁、酒的生产和销售，私人不允许售卖，以此来控制市场。

4 我觉得钱币就是一个朝代的符号，我的朝代要有专属的钱币。我下令铸造了错刀、契刀、大钱。后来，又发行了宝货、货布、国宝金匮直万等钱币。我觉得，钱币越多越好！

　　王莽改制是中国历史上一个重要的转折点。为了缓和尖锐的社会矛盾，王莽企图通过改制，解决已经相当严重的土地兼并问题，调整社会关系，巩固新莽政权。但由于改制触及了地主、贵族、商人的利益，遭到他们的强烈反对。再加上改制措施本身就存在很多问题，造成了政治、经济秩序的混乱，加重了国内人民的负担，使本来存在的社会矛盾更加激化。

历史小百科

黑蟒送水

　　传说，王莽篡位当了皇帝后，龙王爷看不起他，觉得他只是条大蟒，与真龙根本没法比，所以不管地上的人们怎样上供求雨，龙王爷就是一滴雨不下。不承想，王莽直接化作一条大黑蟒，给人们送来了一条条湍急的大河，解决了水的问题。

国宝金匮直万的作用

　　在新朝，实行黄金国有制。人们将黄金送到御府，会得到相应的国宝金匮直万，作为凭证。据说，一斤黄金能换一枚国宝金匮直万，以此类推。后世有人认为国宝金匮直万是流通货币，因为折价太高才没有进入流通领域。也有人认为这只是藏金柜上的拉手或装饰的东西，象征着王莽拥金无数。

第十三节

绿林军起义

文物档案

名　称：新朝铜龟纽"大师公将军司马印"

特　点：方形，龟纽，印文为汉篆字体，八字三竖行排列，是新莽时王匡属官印。

收　藏：北京故宫博物院

　　王莽本以为自己会带领新朝走向巅峰，但他的各种改革措施，反而加剧了社会矛盾。再加上各地爆发饥荒，17年，走投无路的各地农民纷纷起义。其中，王匡、王凤因善于主持正义、解决纠纷成为起义军首领。很多人都来投奔他们的起义队伍，没多久，王匡和王凤的手下就聚集了7000余人，并以绿林山为根据地，自称"绿林军"。21年，王莽派荆州牧发兵2万人进攻绿林军。绿林军出山迎敌，在云杜大败官军，荆州牧被俘。绿林军乘胜攻克竟陵、云杜、安陆县城，之后回到绿林山。22年，绿林山中突发疫病，死者过半。王匡、王凤率绿林军挺进中原，大败王莽军主力，随后攻占长安，彻底推翻了王莽政权，结束了新朝的统治。

博物馆小剧场　　推翻新朝的起义军

1 现在的朝廷把国家弄得乱七八糟不说，眼看着饥荒这么严重，大家都开始挖树根吃了，官府也不开仓放粮。我和王凤早就对这朝廷不满了，身边的灾民更是怨声载道。时机来了。

2 我和王凤鼓动大家一起逼迫官府开仓放粮，得到热烈响应，我俩还被推举为首领。接着我们从当地的县衙成功抢到了粮食，其他地区的灾民也来投靠我们了。我们干脆驻扎在绿林山，自称"绿林军"！

3 我们抢夺粮食的消息，传到了长安。听说皇上让荆州的长官召集了2万官兵围剿我们。哈哈，他们太小瞧我们的实力了，结果被我们打得落花流水。那个荆州牧也被我们俘虏了！

4 山上突发瘟疫，死了好多人。绿林山是没办法待了。我和王凤决定闯进关中，彻底推翻王莽的政权！大家都很支持我们。简直不敢相信，我们真的打败了王莽的军队，占领了长安。

　　绿林军起义彻底推翻了王莽新朝的统治，在中国历史上建立了不可磨灭的丰功伟绩。随着刘缤、刘秀的加入，绿林军的声势达到新高度，不管是兵力还是战斗力都足以碾压新朝的正规军。但由于新的义军同盟是由多股义军合并的，义军将领之间时常会发生权力之争，所以义军的领导权究竟该由谁掌握，成了最大的问题。

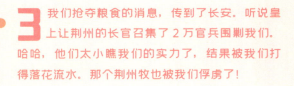
历史小百科

用哭战胜敌人

　　新朝末期，起义军气势汹汹，王莽对此束手无策。大臣崔发说："古时候，国家有重大的灾难，就用哭来向上天哀告，然后灾难就会过去。"王莽信以为真，便带领群臣到京城的南郊去哭，然后趴在地上拼命磕头。谁哭得特别悲痛，王莽就任命谁为郎官，结果靠着哭做了郎官的人，达到5000多位。

王莽时期的青铜卡尺

　　游标卡尺（又叫卡尺）是一种测量工具，在科研工作中经常用到。考古学家在王莽的墓穴中，发现了类似于现代游标卡尺的青铜卡尺。该卡尺由内测量爪、外测量爪、紧固螺钉、主尺、游标尺、深度尺等组成，还带有微调装置，能够极为方便地测量物体的内径、外径、长度、厚度和深度等。

王莽时期的青铜卡尺

第十四节

刘秀建立东汉王朝

文物 档案

名　称：东汉房屋画像砖

出土地：四川省成都市扬子山

特　点：砖里的院落为三合式房屋，画面呈现出东汉初年安逸祥和的生活景象。

收　藏：四川博物院

　　王莽政权被推翻后，刘玄作为汉朝宗室的后裔被拥立为皇帝，国号依旧是汉，刘玄就是更始帝。23年，更始帝将都城由宛迁至洛阳，并派遣同为汉朝宗室后裔的刘秀到全国各地进行招降安抚，这就给了刘秀壮大势力的机会。在推翻王莽政权的队伍中，还有一支由琅琊人樊崇率领的起义军，因为成员的眉毛都染上了红色，被称为赤眉军。听说更始帝即位，樊崇便赶赴洛阳，以表赤眉军对更始政权的支持。当他发现更始帝日夜在后宫欢宴、不思进取时，便悄悄计划攻占长安，结果被刘秀率军重重包围。更始帝见刘秀的势力日益壮大，便令其交出兵马回长安领受封赏。刘秀不肯领命，并派吴汉和岑彭率兵袭取了更始帝的邺城。同年，刘秀在鄗城称帝，就是汉光武帝，他建立的政权史称东汉。

博物馆小剧场　汉光武帝厚积薄发

1 王莽死后，天下乱成一锅粥。王匡和王凤要选汉朝宗室的后裔当皇帝，尽管我兄长刘縯功绩卓著，可大家还是选了软弱无能的刘玄。国号不变，改元为更始。

2 刘玄无故杀了我兄长，又派我去安抚北方的起义军。我觉得这是大好事，我可以远离刘玄的视线，到北方去发展自己的势力了。我刚走，就听说赤眉军首领樊崇就去见了刘玄。估计樊崇也看出了刘玄无能，所以想取而代之。

3 就在刘玄的军队和赤眉军打得不可开交的时候，我已经拉拢了地方豪强，在河北站稳了脚跟。刘玄命令我向赤眉军开战，我火力全开，一路势如破竹，不仅俘获了樊崇，还迫使赤眉军投降。

4 刘玄看出我的势力已经超过了他，便命令我交出兵权。我当然不能同意。我派吴汉和岑彭率兵拿下刘玄所辖的邺城。接着，我在大家的拥护下，在鄗城自立为皇帝！

　　光武帝刘秀凭借军政能力和非凡的智慧，在多方博弈的乱世中，成功坐上了东汉帝国开国皇帝的宝座。在汉代历史上，刘秀被认为是最有学问、最会用人，而且最会打仗的皇帝。他的谥号"光武帝"，一个"武"字，使得他的地位足以与汉武帝媲美。此外，刘秀为已经灭亡的汉朝续命200年，并开创了中兴的局面，可谓功绩卓著。

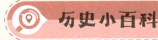

历史小百科

晒衣山

　　传说有一年夏季，天气炎热，刘秀看到山沟里有清澈的水，想跑下去洗澡，顺便把衣服也洗了。山沟里四处都是野枣树，通常枣树的针刺都是朝上的。刘秀不由得想：要是针刺尖朝下，衣裳就能挂上去晒了。结果，等他抬头仔细看时，发现枣树上的针刺竟然全部朝下，刚好能晾衣服。于是，此山得名"晒衣山"。

赤眉军的由来

　　王莽统治新朝的时候，百姓因为不堪压迫，各地先后爆发了农民起义。琅琊人樊崇也率领了一支起义军队伍。由于担心与王莽军混战时无法区分敌友，樊崇便让自己的手下全将眉毛涂成赤色，以此作为起义军的特点。这便是赤眉军的由来。

第十五节

光武中兴

文物档案

名　称： 东汉石辟邪

出土地： 河南省洛阳市关林

特　点： 石雕，头颅似狮，是汉代常用的随葬俑之一，用以驱吓恶鬼。

收　藏： 洛阳古代艺术博物馆

　　汉光武帝刘秀登基后，陆续平定了全国各地的叛乱，使天下归于太平。为了巩固统治，汉光武帝采取了一系列稳定社会局面的措施；他多次下令，把之前各地叛军收押的奴婢全部释放，并且规定各地官吏不得随意杀戮奴婢，否则要受到法律的惩罚；重用贤能人士，不拘一格地广纳贤才参与国事；重用称职守法的廉吏，严厉打击贪官污吏；合并郡县，裁减官员，加强对官吏的监督。此外，汉光武帝为了增加税收，限制土地兼并，削弱了地方豪强的力量，加强了中央集权。为了缓和民族矛盾，汉光武帝允许北方少数民族内迁。在汉光武帝统治期间，社会出现了较为安定的局面，经济也得到了充分的恢复和发展，史称"光武中兴"。

博物馆小剧场　刘秀柔和治国

1 战乱时期，好多百姓为了活命卖身为奴。所以，我下令将曾被叛军收押的奴婢全部释放回家，还禁止虐待奴婢，规定凡虐待奴婢者必严惩。这样一来，就有很多人可以安心回家从事生产了。

2 地方势力的权力越大，对皇权的威胁就越大。所以，我削减了诸王侯、州牧的权力。为了避免他们闹事，我给他们封了爵，加了俸禄，安抚一下他们，但禁止他们干预政事！

3 我要确保国家的稳定和统一，所以加强对官员的管理很重要。官员一旦被我发现贪污受贿，轻则罢免，重则掉脑袋。总之，我的国家只能有廉洁且有能力的官吏！

4 为了解除匈奴的威胁，我想了一个好办法，实行匈奴内迁政策，把匈奴人迁到内地，让他们在不知不觉中被改造成中原人，到那时还打什么仗？哈哈，我太聪明啦。

　　汉光武帝时期，政治的稳定和中央集权的加强，为国家的长治久安提供了保障。而经济的恢复和发展，为汉朝的繁荣奠定了坚实的基础。此外，汉光武帝刘秀十分注重教育和发展科学技术，注重人才的培养和学术传承，为中国历史留下丰厚的文化遗产，也为后来的统治者们树立了榜样。

历史小百科

东汉石辟邪

　　东汉时期，辟邪和龙、貔貅一样都是古人想象出来的一种神兽。辟邪还有一个名字叫作穷奇，其形状和老虎相似，只不过辟邪有一对翅膀。辟邪是汉代常用的随葬俑之一。当时的人们相信，在墓中放上一只辟邪，就可以保佑死者的灵魂。由于辟邪的主要功能是驱吓恶鬼，所以人们故意把它的样子塑造得凶狠一些，以达到预期的目的。

农公庙的传说

　　在刘秀推翻王莽政权的过程中，有一次，刘秀的起义军被王莽的军队打败。在躲避王莽军追杀的途中，刘秀遇到一位正在田间劳作的老翁。老翁知道刘秀是义军首领后，便和刘秀交换了的衣服，以引开追兵，结果被杀。刘秀称帝后，为了纪念老翁的救命之恩，便建了农公庙，并于每年二月二十七日前往祭祀。农公庙是中国古代唯一一座帝王为农民建造的寺庙。

第十六节

汉明帝刘庄的强硬手腕

57 年，光武帝刘秀驾崩，他的四儿子刘庄继位，就是汉明帝。汉明帝认为，西汉之所以被王莽篡权，主要原因就是外戚势力过于庞大，导致皇权分散。汉明帝登基后，对于那些依仗权势作威作福的外戚和犯了错的大臣都严加惩处，甚至对意图谋反的弟弟刘荆也没有手软，其手段之严苛，令群臣都震惊不已。

汉明帝非常重视吏治，不仅慎重选官，选贤用能，还对地方官吏严格考察，贬黜不合格的官员。他还多次下诏减免老百姓的赋税徭役，减轻刑罚。在汉明帝的铁血手腕下，东汉的吏治严明，各宗室和豪强都不敢惹是生非，人们生活安定。

博物馆小剧场　　严厉治国的汉明帝

1 我知道那些外戚都对我的皇位虎视眈眈，尤其是建国后受封安丰侯的大司空窦融，他的家人在他庇护下，贪赃枉法胡作非为。我先是将窦融之侄窦林诛杀，然后以窦融管教子弟不严为名，罢免窦融大司空一职。

2 我收到一封密信，说刘荆意图谋反。好呀，连我弟弟刘荆都敢这样对我，妄图抢走我的皇位。那我就封他个广陵王，让他离京城远远的，再也别想回来。

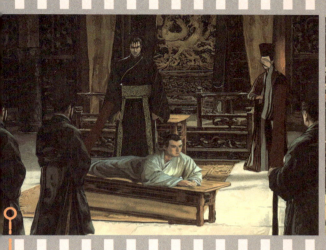

3 大家都说我脾气暴躁，让官员们吃了不少苦。我那是赏罚分明！优秀的官员，我毫不吝啬，大力嘉奖；犯错的官员，小错骂一顿，大错必须狠狠地打，不然不长记性。

4 官员管理要严，百姓管理则要宽。为了减轻百姓的负担，我下诏减免赋税徭役，减轻刑罚。在我的统治下，与我父皇治理国家时相比，国家的人口增长了一倍有余呢！

　　与汉光武帝刘秀的柔和手段相比，汉明帝采取了较为严厉的治国方式。他先是凭借雷霆手段使众臣屈服，又针对权贵豪强横行霸道的行为，严明了法纪，使公卿、百官和宗室诸王都受到了严格的限制。最终，汉明帝成功捍卫并巩固了自己的皇权，为后来的"明章之治"奠定了基础。

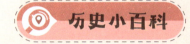

历史小百科

讨厌拍马屁的刘庄

　　相传，曾经有人在王洛山挖出一个宝鼎献给汉明帝刘庄，并在上奏皇帝的折子里顺便吹捧了刘庄的功绩。刘庄回复说："奏章中肉麻的话太多，从今以后，这种奏折一律不受理。"他的意思是：多干实事，少拍马屁！

想借刀杀人的刘荆

　　刘荆是汉光武帝刘秀的儿子，在兄弟中排行第九。他的哥哥刘庄即位后，刘荆总想着自己也过把皇帝瘾，便以大鸿胪郭况的名义，写了一封信给废东海王刘强，劝说他举兵反叛。刘强接到书信后大吃一惊，赶紧把这封信移交给汉明帝刘庄，以表明自己绝无谋反之心。

第十七节

明章之治（一）

文物档案

名　称：东汉"宜子孙"玉璧

出土地：山东省青州市谭坊镇马家冢子东汉墓

特　点：两边透雕双龙纹纽，纽中间透雕篆书"宜子孙"三字。

收　藏：青州博物馆

　　"明章之治"分为文治与武功，是继"光武中兴"之后，汉明帝、汉章帝统治时期出现的"大治"景象。汉明帝的统治属于文治。他注重文化教育，不仅复兴了儒学，还亲自撰写了《九德志》和《祭典志》等诸多严肃的礼制文章。他以"修身齐家、治国平天下"作为治国理念，曾亲临辟雍给太学生们讲授经义。汉明帝重视佛教，在洛阳建立了中国历史上第一个佛寺——白马寺，还聘请天竺高僧译经、传教，促进了佛教在中国的传播。

　　汉章帝刘炟不仅精通经学，还是历史上有名的书法家。他还有一项创新之举，即在玉璧上雕刻各种祈福的文字，如"益寿""长乐""宜子孙"等，象征阴阳调和，美满幸福。

博物馆小剧场　　**注重文化的汉明帝**

1 我认为儒学非常重要，为了让身边的人跟上我的思想，我亲自撰写了《九德志》和《祭典志》等礼制文章让他们读。我还在南宫设了太学，不仅聘请了优秀的讲师，有时候我也亲自去讲。

2 我一直信奉"修身齐家治国平天下"，所以吸取西汉后期衰败的教训，坚持朝廷后宫当中的妃子不能干预朝政，并且对那些外戚也加强了防范。国家在我的管理下稳定多啦！

3 昨晚我梦见一个高大的金人，头顶上放射着白光，腾空向西方飞去。群臣说那是西域的佛陀，来到我梦里是为了保佑国家兴旺的。我很高兴，下令在洛阳建立白马寺，表示对佛陀的尊重。

4 我最器重的儿子刘炟，也继承了我的一部分衣钵。他从小就博览群书，精通经学。他还特别痴迷书法，小小年纪就写出了大家风范。不过最重要的是，他为人宽容，将来定是位仁君。

汉明帝、汉章帝的文治，使得这一时期成为汉朝历史上少有的社会稳定时期，至此，东汉的思想文化发展到顶峰时刻。不仅如此，汉章帝的书法艺术非常出色，创作了诸多书法作品，其作品《辰宿帖》被认为是现存最早的帝王书法。

历史小百科

愚戆（zhuàng）无比

汉明帝刘庄 10 岁就已通晓《春秋》，他的父亲刘秀曾夸奖他："我家吴季子啊！"意思是在夸赞刘庄聪慧，才智过人。而刘庄却觉得曾三让王位的吴季子愚戆无比。他说："如果换作我，才不会那么愚蠢，我会以家国为重，让我当皇帝绝对当仁不让！"刘秀一听，愈发觉得他具备当帝王的能力。

汉明帝尊师重道

汉明帝刘庄从小就很尊敬老师，成年后更是把老师当成长辈敬重。刘庄登基后，一次，他到太常府，把老师请到东边的位置坐下，又当着朝廷大臣的面，行师生之礼。这一举动成为后人学习的典范。

第十七节

明章之治（二）

文物档案

名　称： 姜行本纪功碑

出土地： 新疆维吾尔自治区哈密市

特　点： 原为班超纪功碑，记录了班超火攻疏使、通西域的事迹，后被唐代的姜行本磨去文字重刻。

收　藏： 新疆维吾尔自治区博物馆

75年，汉明帝因病去世，他的儿子刘炟继位，史称汉章帝，年号元和。汉章帝的统治以"武治"为主。汉章帝在位初期，汉朝和北匈奴之间一直在争夺西域诸部的控制权，他采取坚决打击、妥善经营的策略，派遣征西将军耿秉驻军酒泉，加强边防的建设，时刻防备北匈奴染指西域。同时派遣酒泉太守段彭讨伐叛乱的车师，使车师再一次成为东汉的附属地区。

汉章帝曾两次派遣班超出使西域，经过班超的努力，西域各部除龟兹外，都愿意臣服于汉。73年，身在疏勒的班超再次请求汉章帝派兵支援，降服龟兹。这一次彻底实现了断匈奴右臂的战略意图。最终，汉朝的边关危机成功解除，为东汉的稳定和发展奠定了基础。

博物馆小剧场　　使用"武治"的汉章帝

1 北匈奴真是太讨厌啦！西域焉耆、龟兹、车师等部族在北匈奴的胁迫下，开始不停袭扰我大汉的军政驻地，还让中原与当地的部族断了联系。于是我下诏，让征西将军耿秉驻扎于重要军事据点酒泉，随时防备北匈奴的侵扰。

2 哼！车师胆敢背叛我！我派遣酒泉太守段彭前去讨伐叛乱。有使者传回消息，段彭在交河城斩杀敌兵近4000人，俘获牲口3万多头。车师这回总算老实了！

3 西域诸部中就属乌孙最为强大，我觉得光靠武力征服不行。班超请求我让他去慰问乌孙首领。我同意了。班超在西域团结各族人民，有效遏止了北匈奴的侵扰。除了龟兹，西域各部都愿意臣服于我。

4 班超在疏勒给我写信，请求我派兵支援，彻底降服龟兹。一个叫徐干的北陵人自告奋勇表示愿意率兵前往。我命他率领1000多人组成的远征军，西去驰援班超。西域地区，拿下！

汉章帝刘炟通过派遣班超出使西域，恢复了汉朝对西域的控制权，团结了西域各部，也在最大程度上遏制了北匈奴对国家的侵扰。西域与中原的联系增进，不仅保障了丝绸之路的畅通，更是代表了西域各地对中央政权的认同，促进了东西方之间的文化与经济交流，为民族团结作出了极大的贡献。

历史小百科

不信鬼神的汉章帝

据说，汉章帝从不相信鬼神之说。民间一个叫寿光的人说可以驱动鬼神，汉章帝便让寿光演示一下。到了半夜时分，几个披头散发身穿红衣服的妖怪扑向寿光，寿光念了一段咒语，妖怪就咽气了。汉章帝大呼："他们是我派来吓唬你的人。"寿光大笑，表示自己对他们只是小施惩戒，一会儿他们便会清醒过来。

耿恭拜井

传说，东汉时期，名将耿恭坚守疏勒城时，匈奴截断了城中的水源，想把汉兵渴死在大漠里。耿恭便对着一口不出水的水井，一遍又一遍地叩拜，结果原本干涸的水井开始涌现飞泉，断水数日的汉军终于得救了！现在"耿恭拜井"指一种象棋古谱中的残局，说的是红方通过精妙的棋步，绕着黑方的井字格行进，最终将黑方将死的一种战术手法。

第十八节

汉章帝的政治手腕

文物档案

名　称：东汉"元和元年"锦囊

出土地：新疆维吾尔自治区和田市尼雅遗址

特　点：由五色锦织成，上有"元和元年"字样，梅花鹿纹是皇权的象征。

收　藏：和田博物馆

汉章帝刘炟在政治改革方面，有着自己独到的见解。他采取募民垦荒的政策，减少赋税和徭役，鼓励人口增长，使得各地的饥荒有了明显改善。同时，他吸取了汉明帝在法律制度上过分严苛的经验和教训，施行政宽刑疏的政策；废除"禁锢三世"制度，废止一人犯法亲属株连的律令。此外，汉章帝加强了对官员的监督和约束，严格要求各级官员不可无故扰民，禁止没有正当理由的征税和徭役，减轻了百姓的压力。

汉章帝提倡儒术和教育，为了保证政治清明，选拔廉能的官员，并选派高材生学习《左传》《谷梁传》等经典，以此提高文化教育水平。

博物馆小剧场　**为政宽和的汉章帝**

1 我当上皇帝的第二年，兖、豫、徐等州就发生了严重旱灾。我采取募民垦荒的政策，减轻徭役赋税，以鼓励农民耕种，提高国家的粮食产量。这样，农民也可以有好日子过了！

2 我尊崇儒术，所以施行宽松的治国政策。我废除了贪污禁锢三世的制度，废止了一人犯谋逆等大罪亲属皆受牵连的律令。官员犯罪，也不会影响到后代当官，把那个罪人驱逐到边境地区就行啦。

3 我非常注重官吏选拔，并加强了对官员的监督和约束。严格要求各级官员没有极特殊原因，不可无故扰民；没有正当理由，不能随意征税和徭役。官员作为国家的中坚力量，不能不好好管理啊！

4 我自小受儒家思想影响，所以我想让更多人了解儒学、学习儒学。我还派人去学习《左传》《谷梁传》《尚书》《毛诗》等经典，让他们互相交流、讨论后，把讨论的过程和结果记录下来供我查看！

　　汉章帝采取了一系列相对宽厚的政策，对下层劳动人民实行轻徭薄赋的政策，从而稳定了小农经济，缓和了阶级矛盾。汉章帝的前期统治为东汉社会的稳定与繁荣作出了重要贡献。然而，汉章帝统治后期，在面对复杂的政治局势时，因为性格温和，缺乏果断决策的能力，使得东汉政权逐渐陷入困境，也为后来的政治变革埋下了隐患。

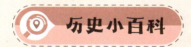
历史小百科

识大体的马太后

　　77 年，因为天下大旱，有大臣上书说这是没有册封外戚的缘故。汉章帝便打算册封自己的舅舅们，也就是马太后的兄弟。谁知，马太后却阻止道："那些上书建议册封外戚的人，都是些溜须拍马之徒……"汉章帝不死心，马太后坚持道："如今国家灾异不断，我日夜惶恐，寝食难安，而你却只想着册封外戚，违背了我的慈母之心。"汉章帝听完，便打消了册封舅舅的打算。

舞狮的由来

　　汉章帝刘炟在位时，大月氏曾进贡一头狮子，却没告诉训狮子的方法。汉章帝发皇榜寻找能训狮子的人，结果来的人都被狮子咬死了。狮子在笼子里关久了，生了病直哼哼，小太监嫌吵抡起鞭子把狮子给打死了。然后，小太监害怕被诛九族，便扒了狮子皮找俩人披着，和皇上说狮子有人指挥就能跳舞。汉章帝对狮子舞非常满意，大加封赏。后来这件事传到民间，逐渐演变成舞狮子的活动，一直流传到今天。

第十九节

十常侍乱政

文物档案

名　称：东汉金"关内侯印"

出土地：山东省新泰市

特　点：由黄金铸成，上有龟纽，印面呈正方形，铸白文篆书"关内侯印"。

收　藏：山东博物馆

汉章帝去世后，继位的皇帝大多年幼不能主政，大权落入了皇帝的母亲太后手中。太后重用自己的亲戚，使得外戚的势力不断膨胀。而小皇帝长大后不甘心被外戚摆布，就依赖身边的宦官想方设法除掉外戚，导致一群宦官拥有了至高的权力。汉灵帝时期，张让、赵忠等十常侍逐渐掌握了朝廷的大权，他们嚣张跋扈，横行乡里，使得民不聊生。189年，汉灵帝弥留之际，准备册封儿子刘协为太子。但宦官蹇（jiǎn）硕为了维护自己的势力，让汉灵帝先杀死大将军何进才能立太子。结果没等立太子，汉灵帝就去世了，十常侍拥护汉灵帝嫡长子刘辩继承皇位，刘辩就是汉少帝。时任中军校尉的袁绍与何进密谋诛杀宦官，后计划泄露，何进被宦官所杀。最终，袁绍联合何进的部下斩杀了所有宦官。

博物馆小剧场 ｜ 宦官乱政的朝廷

1 我是袁绍。如今朝政大权被以张让和赵忠为首的12个宦官控制，灵帝不仅对他们言听计从，还称张让为父亲，赵忠为母亲。这让他们更加嚣张跋扈，把朝廷上下弄得乌烟瘴气。

2 灵帝身体一直很差，临终时，他打算册封儿子刘协为太子。宦官蹇硕却让灵帝先杀死拥有强大的军事力量和影响力的何进，才能立太子。为了刘协顺利继位，灵帝同意了！

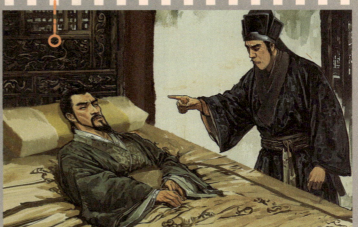

3 何进知道这一消息后，拒绝应召入宫，并集结军队于宫外，严阵以待。蹇硕迫于压力，不得不立刘辩为帝。我暗中与何进密谋诛除宦官。我们就差一个机会了。

4 刘辩登基后，一言一行都被十常侍操控了。宦官一党还趁何进不备，将他杀害了。我觉得不能再等了，立即联合何进的部下，破宫而入，捉拿宦官，最终将他们一网打尽。

十常侍乱政加剧了东汉末年政治腐败和权力斗争，直接导致了东汉政权的衰落。"十常侍"集团的覆灭不仅仅代表着此时的东汉王朝内部裂痕已无法修复，也标志着以董卓为首的军阀集团迅速崛起时代的到来。很快，东汉就会掀起一段霸权之争，东汉王朝自此进入了衰落的"快车道"。

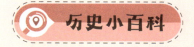

历史小百科

十常侍都有谁？

"十常侍"是汉灵帝刘宏统治时期扰乱朝政的宦官的合称，他们分别是张让、赵忠、夏恽、郭胜、孙璋、毕岚、栗嵩、段珪、高望、张恭、韩悝、宋典。他们都担任过中常侍的职位，实际由 12 人组成，后世习惯叫他们十常侍。

关内侯是什么爵位？

秦汉时的爵位分封与周朝时有很大不同。为调动将士作战的积极性，爵位从周时 5 个等级增加到 20 个等级，而且不再只封给皇亲和高阶士大夫，只要立功就可能被封。其中，关侯位列第 19 等，只有荣誉称谓，并无实际封地。以函谷关为界，关侯又被分为关内侯与关外侯。其中，关内侯因距离皇上更近，所以职权上要大于关外侯。

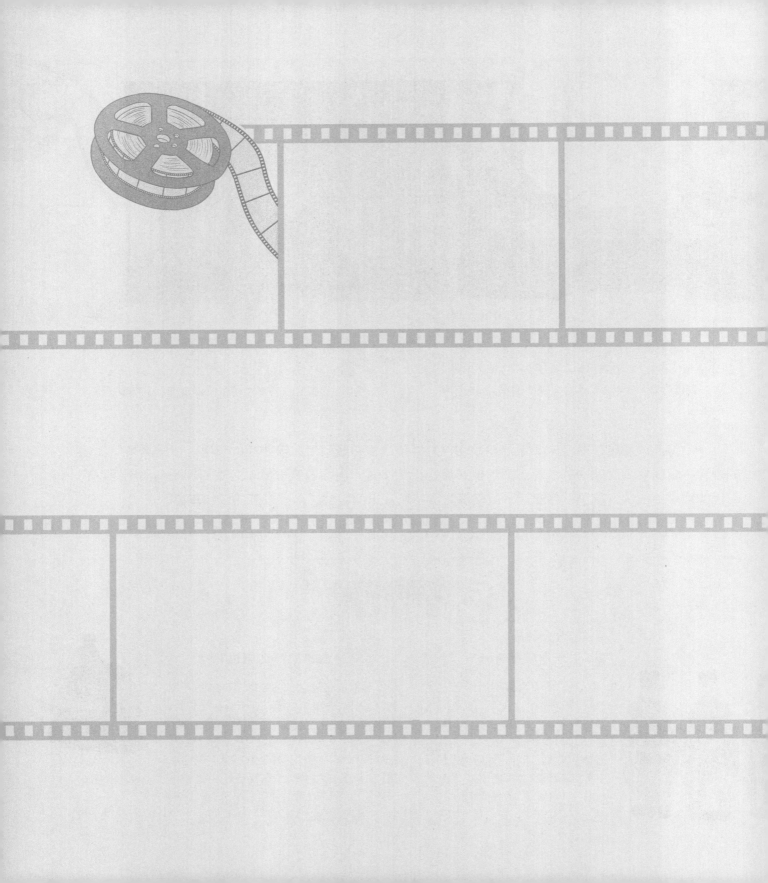

第五章
两汉的科技与文化

第一节
造纸术的发明

文物档案

名　称：西汉天水放马滩汉纸本地图
出土地：甘肃省天水市放马滩 5 号汉墓
特　点：纸面光滑平整，纸上用细黑线绘有山脉、
　　　　河流、道路等地形。
收　藏：甘肃简牍博物馆

　　造纸术是我国的四大发明之一，最早出现在西汉。西汉时期的纸张主要原料是蚕丝。这种纸是人们育蚕、缫丝、取丝绵的过程中，发现遗留在竹席上的蚕丝飘絮晒干后揭下来可供书写，从而制造出来的，叫作"丝絮纸"。由于这种纸成本较高，纤维较粗，书写效果不好，所以并没有大规模普及。东汉时期，宦官蔡伦对造纸工艺进行了多次试验和改进，最终选择用树皮、麻布、破布和旧渔网等作为材料，先将所有材料切碎、浸泡、蒸煮，然后捣成泥状，再倒入水调配成浆，接着用细竹帘在浆中过滤纸纤维，形成纸膜，最后让纸膜历经压制、晾干等 72 道工序，纸就做成了。蔡伦造的纸得到汉和帝的赞赏。汉和帝诏令天下使用并推广这种纸，后来又封蔡伦为"龙亭侯"，这种纸又被称为"蔡侯纸"。

博物馆小剧场　　纸的发展之路

1 别看我是一介农夫，平时最喜欢读书、写字了。前几天有人借给我一本用"丝絮纸"做的书。天啊，这也太轻便了吧？可惜这种纸是用蚕丝做的，工艺复杂，成本极高，哪里是我这种穷人用得起的？

2 经过这件事，我也对"纸"的研究产生了兴趣。巧合的是，有一天我在河边遇到蔡大人，他竟然对我捕鱼的破网产生了兴趣。还有那些腐烂的树叶，蔡大人竟然说都要用来尝试做纸。

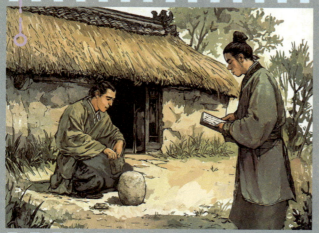

3 几个月后，蔡大人终于造纸成功了。皇上为了让天下人都能用上纸，将造纸的步骤写在告示上，包括备料、蒸穰、洗料、碾穰、淘穰、制浆、打捞、榨水等整整72道工序。蔡大人这是费了多少心思呀！

4 虽然现在制作出来的纸表面坑坑洼洼，写出的字笔画也断断续续，但是相较于竹简轻便多了。还有它的材料都是树皮、破麻布、旧渔网等这些便宜的东西，这才是大家用得起的纸呀！

在蔡伦改进造纸术前，人们使用的书写材料要么笨重如竹简，要么昂贵如丝绸，很难普及起来。而"蔡侯纸"的发明使得人们首次拥有了大批量的、经济方便的书写材料，使得书籍和文献的制作变得更加便捷，极大地推动了文化的传播与交流。不仅如此，造纸业的兴起还带动了林业、农业和手工业等相关产业的发展，进一步促进了经济的繁荣！

历史小百科

早期的造纸工序

造纸的基本流程主要包括备料、制浆、抄纸和干燥四个步骤。

第一步： 将树皮、麻、棉、竹等原料经过清洗、浸泡等预处理，去除杂质。

第二步： 将原料放在一起捣碎，再放入水中煮沸，变成纸浆。

第三步： 将纸浆倒入水槽，用抄网在纸浆中缓慢摇动，使纤维在抄网上形成一层薄薄的纸膜。抬起抄网，把多余的水分滤掉，留下纸膜。

第四步： 将纸张一张张叠放，施加压力，使纸张紧密，然后晾干，再经过打磨就可以了。

第二节

数学和科学的发明

　　自古以来，天文历法的研究和发展，往往都和算术有着密切的联系。随着社会经济的发展，在生产劳动过程中，人们在计算方面也有许多实际问题需要解答。经过不断总结，一部数学巨著《九章算术》终于问世。全书收集了包括土地测量、田亩计算、粟米交换等数学问题共246个，分为方田、粟米、衰分、少广、商功、均输、盈不足、方程、勾股等九章，所以定名为《九章算术》。

　　汉朝时，经常发生地震。为了测定地震方位，及时挽救人民的生命财产，东汉科学家张衡把大部分精力投入对地震的研究工作中。经过反复研究试验，132年，张衡制成了世界上第一台测定地震的仪器——地动仪。

博物馆小剧场　　汉代的科技

1 很久以来，人们的计算方法并不发达。直到有人在《周礼》中"九数"的基础上，吸收《许商算术》《杜忠算术》的成果，编撰出《九章算术》一书。但有很长一段时间，大家都不知道这本书怎么用。

2 后来文帝时的丞相张苍、天文学家耿寿昌发现很多现实问题，包括土地测量、田亩计算、粟米交换等竟然在《九章算术》都有所涉猎。他们当即对这本书进行了整理和增补，让它变成了非常实用的数学专著。

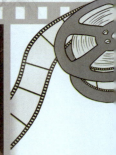

3 前些年我们这里发生地震，因为朝廷接收消息很慢，导致赈灾粮食迟迟送不到，我们遭了不少罪。后来张衡大人经过无数次的研究，发明了地动仪，听说可以第一时间测定发生地震的方位，不知道是真是假。

4 听说一直未有任何动静的地动仪机关启动了。张衡大人说洛阳以西的方向发生了地震，大家都不敢相信。直到 3 天后，来自陇西的快报说，陇西发生了地震。大家才对地动仪彻底信服了。

《九章算术》结束了人们用结绳计数、书契记数、算筹等方式计算的时代，它提出的分数、比例、开平方、开立方、二次方程和联立一次方程组，还有正负数的概念，标志着我国古代数学形成了完整的体系，在世界数学史上都占有重要地位。张衡发明的地动仪是人类第一次用科学方法去认识地震，为地震后的救助提供了巨大帮助。

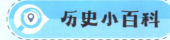
历史小百科

"雉数"的故事

雉数是《九章算术》中介绍的一种特殊数列。据说有一天，秦九韶在野外散步时，看到一群雉鸟飞过。他观察到雉鸟的数量总是以 1、2、4、7、11、16……这样的规律递增。经过反复的观察和总结，他将这个规律总结成了一种数列，叫作雉数。

地动仪会"说话"

地动仪由精铜制成，中间是一根高而细的铜柱，叫作"都柱"。铜柱周围连通 8 条通道，即"八道"。8 条龙踞守在 8 个通道对应的 8 个方位。当都柱受某一方向的地震波影响发生震动时，对应方向的龙口就会张开，龙口里的小铜珠便落入下方蟾蜍的口中。这时，人们就知道蟾蜍所对应的方向发生了地震。

第三节

汉代著名医学家

　　中国传统的医学有着悠久的历史，在汉朝时，已经发展到较高的水平。那时瘟疫蔓延，处处充满着死亡的味道，先后出现了张仲景、华佗等名医。张仲景虚心向名医求教，四处奔走，广泛收集民间药方，在总结前人经验的基础上，结合自己的临床实践，写出了《伤寒杂病论》一书。他还提出"治未病"的理论，提倡预防疾病，并成为历史上第一位"坐堂医生"。

　　华佗不仅擅长用针灸、汤药为人治病，还能实施外科手术。他发明的"麻沸散"，病人喝下后便会失去痛觉，利于各种手术的实施。同时，华佗还模仿虎、鹿、熊、猿、鸟5种动物的活动姿态，创编了五禽戏，对人们强身健体有着很大帮助。

博物馆小剧场　张仲景与华佗的救世之举

1 最近父母都感染了风寒，我请了好几位郎中，也没治好。邻居拿出一本叫《伤寒杂病论》的医书手抄本，让我照着上面的方法试试。我结合家人的病症去药房抓了几次药，没想到真的治好了他们的风寒症！

2 前几天，我看到新开的一家药铺门口好多人在排队。一打听，我才知道，原来是药铺的大夫张仲景在大堂给人问诊、看病。这不是《伤寒杂病论》的作者吗？以后生病可以当面问诊了！

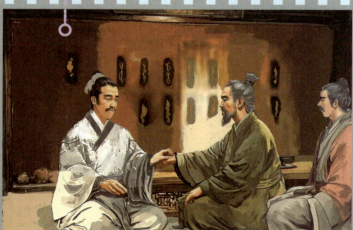

3 我上山的时候不小心摔了一跤，来到一家医馆治疗。大夫说要接骨。我正准备忍受巨大的疼痛，没想到他拿出神医华佗发明的"麻沸散"，让我和酒一同服下，结果我睡了一觉手术就做完了！

4 听大夫说他曾师从华佗，我趁机问他怎样预防感冒，因为我一到换季就爱感冒。大夫向我推荐了华佗创造的"五禽戏"，让我勤加练习。虽然模仿动物挺好笑，但我还是决定多练练！

　　张仲景是中医临床理论体系的开创者，他医术精湛，医德高尚，被后世亲切地称为"医圣"。华佗尤其擅长外科手术，被后人尊称为"外科圣手"。华佗和张仲景都是中国医学史上的重要人物，尽管华佗的医书大部分已经失传，但他的医学成就和精神仍然被后人铭记。而张仲景的《伤寒杂病论》一书，则成为中医经典，对后世中医的发展产生了持续性的影响。

历史小百科

冬至吃饺子习俗的由来

　　冬至吃饺子的习俗源于纪念张仲景。据传，那个时候的穷人在冬天时耳朵会冻烂，张仲景知道后，便支起大锅，把羊肉、辣椒等祛寒的热性食物放在锅里熬煮，再切碎，然后用面皮包起来，最后煮熟即可。因为这种食物的样子像耳朵，所以被叫作"娇耳"。人们吃了"娇耳"，喝了汤，浑身发热，两耳暖和，便不会冻伤耳朵了。

五禽戏

　　华佗为人们编排了一套健身操，叫作"五禽戏"。第一戏是虎戏，手足着地，身躯前纵后退，昂头，模仿虎举和虎扑动作。第二戏是鹿戏，双足着地，回头顾盼，左脚右伸、右脚左伸。第三戏是熊戏，仰卧，两手抱膝抬头，身体向左再向右倾，侧着地。第四戏是猿戏，双手攀物悬空，上下伸缩身体。第五戏是鸟戏，一足立地，两臂张开做鸟飞状。因为动作来源于5种动物，所以得名五禽戏。

第四节

佛教的传入和道教的产生

西汉末年，信封佛教的大月氏使者向汉朝的博士弟子景卢口授了《浮屠经》，强调通过修行获得解脱和智慧，佛教从此流入中国。东汉时期，汉明帝邀请天竺高僧摄摩腾和竺法兰入京。他们用白马驮着佛经和释迦牟尼像来到了洛阳。汉明帝专门命人在洛阳城外修建了一座寺庙，为纪念白马驮经，取名白马寺。东汉后期，一方面政治黑暗，民生艰难，在苦难中的人们渴望神仙的解救；另一方面，佛教的传入所带来的宗教仪轨、教团组织等为道教的产生提供了借鉴。东汉顺帝时期，张道陵在四川鹤鸣山创立了天师道，它的信仰体系来自古代的巫术和秦汉时的神仙方术，主张通过修炼和服食仙丹达到长生不老、得道成仙的境界。同时，天师道开始建立组织机构和规章制度，如设立坛场、制定戒律等。

 博物馆小剧场　　汉人的信仰

1 我爷爷是个佛教徒，他告诉我佛教之所以能传入中国，源于明帝的一个梦。据说明帝梦到一个金人，大臣们说那是佛陀。明帝便派出蔡愔、秦景、王遵等18位有学问的大臣到天竺去求取佛法。

2 18位大臣途中遇到两位天竺佛学大师摄摩腾和竺法兰，便上报明帝。明帝下旨邀请二位大师进京。二人用白马驮着经书和佛像到来后，明帝又下令在城西雍门外建造白马寺，让二位大师居住、译经。

3 我信仰天师道，它是张道陵在四川鹤鸣山创立的。天师道尊奉"神仙"，主张通过修炼获得个人的精神提升，听说还能长生不老。这正是我们这些备受苦难折磨的穷人所期望的呀！

4 张道陵是天师道第一代天师。他规定每年正月初七、七月初七、十月十五三会日，道众必须到坛场参加传道活动，斋戒祭祀。张天师还运用法术和医学知识救治信徒，他的"驱邪祈安"法术深受道众欢迎。

　　张道陵创立的天师道是道教的一个重要分支，它标志着道教作为独立宗教正式产生。道教和佛教的传播和融合，不仅反映了当时社会对不同文化的接纳，也能看出中国文化的包容性和创新性。同时，道教和佛教的思想和实践方式，对后世的中国文学、艺术、哲学等领域产生了深远的影响，进一步塑造了中国传统文化的独特风采。

 历史小百科

释迦牟尼的出生

　　《浮屠经》记载，佛教创始人释迦牟尼的母亲因梦见白象而怀孕。10个月后，释迦牟尼从母亲的右胁处出生，一生下来就向4个方向各走了7步。释迦牟尼具有很多特殊的体态特征，如头发像青丝，乳有青毛，手指光鲜洁净如花赤铜，头顶有肉髻等。这些体态特征在后来的佛典中，被归结为32相和80种好，成为"佛"的标志。

老子的本名

　　老子被尊奉为道教的道祖。他所著的《道德经》是道教的重要经典。据《史记》记载，老子姓李名耳，是楚国苦县人，只因为他长了一对与众不同的大耳朵，所以也被人叫作李聃。"聃"就是大耳朵的意思。

老子故里老子像